인문학의 꽃,
역사를 배우다

인문학의 꽃,
역사를 배우다

한 권으로 배우는 역사의 모든 것

평 단

머리말

새 학기가 되면 나는 으레 역사학을 달갑지 않게 여기는 대학생들을 만나야 했고, 또 이들에게 역사학의 연구가 왜 필요한지를 설명해야 했다. 나는 언제나 역사학이 교양 교육의 필수과목으로서 지니는 가치를 설명하려고 애썼다. 그러다 보니 역사학이 정신 훈련에 얼마나 큰 공헌을 하는지 분명히 밝힐 필요가 있음을 깨달았다. 그 밖에도 내 강의를 듣는 학생들에게 역사가 역사학자들에 의해서 어떻게 조직되고, 설명되고, 이용되는지를 기초적인 용어를 사용해 예시해 줄 필요성을 느꼈다.

이런 노력을 하는 과정에서 나는 대학교 1학년 수준의 학생들은 역사학의 기능에 대한 인식이 절대적으로 부족해 역사적 사실들을 의미 있게 사용할 수 있는 능력이 부족하다는 점을 알게 되었다. 설상가상으로 많은 학생이 역사란 일정 영역 안의 무수한 사실의 집적에 불과하며, 이런 사실들은 지독하게 무미건조한 것이긴 하지만 외우지 않을 수도 없는 그런 것이라는 생각에 젖어 있었다.

이런 문제들에 직면해 나는 대학생들에게 필요하며, 또 이 학생들에게 역사학을 가르쳐야 할 위치에 있는 교수들을 위한 인식과 접근법을 소개할 목적으로 이 책을 쓰게 되었다. 그러나 또 한편으로 역사학의 기초를 설명하고 있다는 점에서 역사를 어떻게 하면 의미 있게 이해할 수 있는지를 알고 싶어 하는 모든 학생과 일반인에게도 도움이 되었으면 하는 바람이다.

이 책의 가장 중요한 목적은 흔히 학생들이 혼자서 해결하느라 끙끙대고 있는 역사학의 접근법과 목적에 대한 문제들을 설명해 줌으로써 역사학을 보다 쉽게 접근할 수 있고 또 흥미 있는 학문으로 만들어 보자는 데 있다. 역사학의 연구 과정을 밟으면서 혹은 실제 역사서를 읽는 것과 함께 이 책을 차근차근 읽어 가기를 권하고 싶다. 실례를 경험함으로써 이 책이 말하고자 하는 요점들이 더욱 충실히 이해되리라 생각한다.

이 역사학 입문서는 역사학을 연구함으로써 여분으로 얻어지는 가치와 효용이 어떤 것인지를 알려주는 것으로 시작하고 있다. 그다음으로는—많은 대학생에게 낯설게 여겨질 듯한 것으로—역사는 어떻게 분류되고 전달되며, 역사학은 학문의 세계에서 어떤 위치를 차지하고 있는지에 대한 설명이 뒤따르고 있다. 그런 다음 학생들이 어떻게 역사학의 한 과목을 택하여 역사의 한 부분을 소화시켜 이해력을 높일 수 있도록 정보를 조직할 수 있는지에 대한 실제적인 문제를 다루고 있다. 그리고 역사 연구의 활동적인 부분인 역사서술법과 조사연구법에 대해 두 장을 할애했다.

나는 이러한 내용을 구성해 역사학의 학문적인 기본 절차에 대해 명확히 설명해 줌으로써 이에 대비하게 하는 일이 특히 중요함을 깨닫게 되었다. 나는 이 방법이 우리가 왜 역사학을 배워야 하는지 그 이유를 알게 되고, 역사학의 성과에 대한 존경심을 갖게 하는 가장 직접적인 길이라고 믿는다.

마지막으로 과거를 이해하는 데 따르는 철학적인 문제들—역사적 상대성, 인과관계, 개인의 역할, 역사적 현실의 다변적 성격—을 다루었다.

모쪼록 이 책이 역사의식을 발전시키는 데 도움이 되어 과거에 대한 연구가 오히려 새롭고도 생생한 경험이 될 수 있기를 진심으로 바란다.

CONTENTS

STUDYING HISTORY HOW AND WHY

역사란 역사가와 사실 간의 부단한 상호작용의 과정이며,

현재와 과거 사이의 끊임없는 대화다.

\- 에드워드 카

1

Chapter

우리는 왜 역사를 배우는가?

역사란 무엇인가 ?

역사는 곧 인간의 집단적 경험에 대한 기억이다. 그러므로 인간의 집단적 경험에 대한 기억이 잊히거나 무시될 때 우리는 인간으로서 존재할 수 없게 된다. 역사가 없다면 인류는 우리가 누구이며, 또 인류가 어떻게 존재하게 되었으며 존재해 왔는지를 전혀 알 수 없게 된다. 그래서 인류가 마치 집단적 기억상실증에 걸린 것처럼 우리의 정체를 암흑 속에서 더듬거리며 찾는 신세에 놓이게 될 것이다. 인간의 삶을 의미 있게 해 주고, 인간에게 삶과 투쟁 그리고 죽음의 자료를 공급해 준 그 모든 감정, 가치, 이상을 낳게 한 원동력이 바로 역사에 기록된 사건들이다.

역사적 사건들은 인간의 기본적인 모든 집단—국가, 종교, 계급—을 창조해 냈으며, 이런 집단들의 충성심 역시 역사적 사건들이 이끌어 냈다. 역사는 지나간 세대의 영광과 용맹, 죄와 고난을 보여줌으로써 우리를 격려하기도 하고, 분노케 하기도 한다. 역사는 현실 생활의 드라마이며, 문학과 예술의 원천으로서 사실에 입각하고 있다는 점에서 강렬한 호소력을 지니고 있다.

역사는 그 모든 것을 차치하고 호기심에서라도 연구할 만하다. 인간의 과거에 대한 기록은 그 연구성과가 실제적인 결과를 가져다주든 아니든 간에 과학자들의 관심을 불러일으키는 외계나 미시적인 물질세계의 신비로움 이상으로 그것을 연구하고 이해하도록 이끄는 강렬한 매력이 있다. 역사학은 지적인 탐구와 모험이 따르는 분야이기에 이러한 인간의 근본적인 열망을 충분히 충족시켜 준다.

우리는
역사에서
무엇을 얻을 수 있나?

  우선, '과거는 오늘날 우리와 관련이 있는가'라는 문제에 대해 생각해 보자. 역사는 모든 경험의 기록이므로 물론 우리와 관련이 있다. 이렇게 보면, 자신이 살고 있는 세계를 이해하려 하거나 지혜를 갖고 자신의 가치관을 세우고 행동하려는 사람은 역사를 조금이라도 알고 있지 않으면 안 된다는 결론에 이른다. 역사적 관점에서 보면, 현재라는 것도 결국은 스쳐가는 순간일 뿐이며, 우리가 의식하고 있는 모든 것은 이미 과거에 존재했고 역사의 일부분이다. 지혜가 과거의 경험에서 배울 수 있는 것이라면, 우리가 공적인 혹은 사적인 인간사에 속한 행동에 대하여 얻고자 하는 어떤 대답이든 역사 속에서 찾지 않을 수 없다. 과학에 대한 순수 연구와 마찬가지로 역사에 대한 순수 연구도 실제적인 큰 의미를 지닌다고 할 수 있다.

  역사의 교훈이란 말은 우리에게 너무나도 익숙한 표현이다. 그래서 때로는 역사의 교훈의 중요성이 쉽게 간과되기도 한다. 그러나 역사는 정확하게 반복하는 법이 없다. 어떠한 역사적 상황도 어떤 다른 역사적 상황과 동일한 법이 없다는 말이다. 유사한 두 개의 사건도 최소한 첫 번째의 사건은 선례가 없는데 반해 두 번째 사건은 선례가 있다는 점에서 다르다. 이런 점에서 역사는 하나의 교훈을 가르쳐 준다고 할 수 있다. "당신은 같은 강물에 두 번 발을 들여놓을 수 없다. 항시 새로운 물이 당신에게 흐르고 있기 때문이다." 이는 그리스 철학자 헤라클레이토스(Heracleitos)[1]의 말이다. 인간사에 있어 변하지 않는 것이 있다면 그것은 '항시 변한다'는 사실이다.

역사의 과정은 독특하다. 각 상황과 사건은 구분되기는 하지만 각기 원인과 결과, 개연성과 우연성으로 얽혀 있는 그물에 의해 앞선 모든 상황과 사건 그리고 뒤따르는 모든 상황과 사건과 관련을 맺고 있다. 현재는 우연의 결과일 수도 있고, 불가피한 요인들의 결과일 수도 있다. 그러나 어느 경우라도 과거 사건들의 현재적 결과는 불가피한 것이다. 독특한 현재의 순간은 과거에 독특했던 어느 순간과 마찬가지로 우리가 그것이 존재하게 된 역사를 이해하지 못할 경우 전혀 인식할 수 없게 된다.

과거의 사건들에 관한 혼잡한 기록 가운데서 질서의 요소들을 지각하는 것이 역사학자에게 주어진 특별 과제

1) BC 540(?)~BC 480(?). 기원전 6세기 말의 고대 그리스 사상가로 소크라테스 이전 시기의 주요 철학자. 만물의 근원을 불로 파악했으며, 고대 그리스에서 변증법 사상을 가장 잘 표현한 철학자다.

헤라클레이토스
(Heraclitus of Ephesus)

라파엘로(Sanzio Raffaello)의 아테네 학당(로마 바티
칸 미술관 스텐차 델라 세나투라 소장) 중에서 철학자
헤라클레이토스를 묘사한 그림.

다. 무수한 사건, 사람, 집단, 제도가 역사학자의 손을 거쳐 최소한 부분적으로라도 규칙성을 보여주도록 분류된다. 우리는 특수한 시대와 사람들과 독립적으로 프랑스니 왕이니 전쟁이니 변경이니 하는 말을 사용해도 이야기하고 있는 내용을 어느 정도 이해할 수 있다. 이보다 좀 더 넓은 범위로 역사학자는 역사적 '경향'이니 '과정'이니 하는 것을 인식할 수 있다. 이런 용어들은 한 사건이 어느 정도 논리적인 방식으로 다른 한 사건에 이르게 되는 것을 가리킨다. 이런 용어를 통해 사고하는 것은 현재—사실은 지각할 수 있는 직접적인 과거다—가 어떻게 보다 먼 과거에서 발전해 왔는지를 이해하는 데 대단히 중요하다. 또한 이것이 우리가 합리적으로 미래를 예기하고, 오늘에 이르기까지 진행된 변동의 과정 내지 발전의 과정을 관찰하고 이 과정을 미래로 투사할 수 있는, 즉 이런 추세가 계속될 경우 어떤 일이 발생할 것이라는 것을 추측할 수 있는 유일한 방법이다.

전문적인 역사학자들만 인간사에 관한 지성적인 연구를 독점하고 있는 것은 아니다. 사회과학이나 인문학에 종사하는 사람들도 이런 일을 하고 있다. 물론 전공학문이 다르기에 이들이 택하는 관점이 서로 다르다. 그러나 다른 모든 학문은 역사학에 의존하지 않을 수 없다. 역사학은 일어난 일들에 대한 일차적인 기록을 제공해 주며, 역사학 이외의 다른 전문적인 연구가 그 안에서 작업해야 하는 독특한 상황의 맥락을 설정해 준다.

사실 인간사와 관련된 이러한 외적 측면을 강조함으로써 역사학의 가치가 모두 드러나는 것은 아니다. 역사 연구는 그것이 우리가 사는 세계에 대해서 무엇인가를 알려준다는 이유만으로 중요한 것이 아니고, 우리의 사고 능력을 발전시키는 데 기여한다는 점에서도 중요한 의의를 갖는다.

훌륭한 역사 연구는 우리로 하여금 지적인 활동에 필수적인 모든 측면을 훈련하게 하고 발휘하게 한다. 또한 호기심과 탐구심을 자극하며, 이성의 능력을 훈련시키며, 표현능력과 전달의 능력을 배양하게 한다. 나아가 교육받은 사람이 지녀야 할 정신적 태도들을 발전시키는 데도 필수적인 요인이 된다. 즉, 역사 연구는 회의하고 비판하는 태도, 관점과 객관성을 갖고 사고하게 하는 태도, 인간사에서 선악 및 그 중간적인 것을 판단하는 능력, 찬반을 저울질하여 흑백 중간에 위치하는 회색의 여러 미세한 차이들을 분별하는 능력을 갖게 해 준다. 그러므로 역사 연구는 지혜를 가진 교양 있는 인간을 만드는 데 빼놓을 수 없는 요소다.

역사는
사고를 훈련하는
최고의 교양이다

　대부분의 학교 및 대학교육의 목표—이 목표는 '일반교육' 또는 '교양교육'이라는 말로 요약된다—는 일반적으로 잘못 이해되고 있다. 교육의 목표는 특수한 기술 습득이나 취업을 위한 직접적인 준비에 있는 것이 아니고, 지식, 기준의 틀, 사고하고 자신을 표현할 수 있는 능력의 배양과 같은 보다 간접적인 일에 투자하는 데 있다. 이와 같은 교육을 받는 일은 인간의 일생을 통해 중요한 역할을 하게 된다. 특히 책임과 판단을 요하는 지위에 오르게 되는 경우 이와 같은 교육이 그 진가를 발휘한다.

　교양교육은 특히 자신의 관점을 발전시키도록 이끌어 줌으로써 자연계는 물론 사회에서 자신을 인식할 수 있도록 해 준다. 역사학은 무엇보다 관점—시간, 장소, 제도들의 전체적인 맥락에서 인간의 사건들을 인식하는 눈—을 의미한다. 이런 점에서 역사학은 대부분의 다른 학문을 연구하는 데 필수적이고도 귀중한 배경이 된다. 역사학을 특히 문학, 예술, 철학과 같은 과목들과 동시에 공부하는 것이 유익할 때가 많다. 자신과 인류에 대해서 교양인답게 인식하는 일은 과거에 대한 지식으로 인해 생기는 관점이 없이는 불가능하다.

교양교육이 지니는 가치들, 특히 그 기초가 되는 정신적 훈련은 직접적으로나 추상적으로 얻어지기가 어렵다. 학생들이 구체적인 주제들을 통해 그것에 접근하게 되는 경우가 많은 것은 이 때문이다.

역사학은 특히 사고하는 법을 배울 수 있는 기회를 많이 제공해 준다. 그것은 역사학의 주제가 도전을 가해 오기 때문이고, 또 역사학자들 사이에 지성의 전체적 역량을 배양하는 전통이 자리잡고 있기 때문이다. 역사적 사고에 따르는 기술들은 다른 과목이나 활동에 높은 이전적 가치(carryover value)를 지니고 있다. 그것은 효과적으로 교육을 받기 위해서는 누구나 습득해야 하는 일반적인 정신적 기술이다.

역사 연구는 세부적인 사실과 일반화의 관계에 항상 익숙해질 것을 요구한다. 역사 연구는 광범위한 자료를 수집하고 조직하고 분류하는 경험을 쌓게 해 준다. 또한 학생들에게 적절한 정보(relevant information)를 찾아내어 그것을 문제를 해결하는 데 이용하고 그 결과를 발표하는 방법을 가르쳐 준다. 역사학은 곧 잊힐 세부적인 사실들의 늪에 빠지지 않고 어떤 주제를 보다 잘 이해할 수 있도록 이런 사실들을 이용하는 방법을 가르쳐 줄 수 있다.

또한 역사학은 판단력을 가르친다. 이해할 수 있는 배경을 제공하여 비판하고 이성적인 결론을 내리는 기술을 훈련시킴으로써 판단력을 길러 주는 것이다. 훌륭한 판단력은 문제를 올바르게 제기하는 데 의존하는 경우가 많으며, 문제를 올바로 제기하는 솜씨는 훈련된 상상력에 의존하게 된다. 때로 명확하거나 일관성이 있는 정보를 얻을 수 없는 경우가 있는데, 이런 때는 판단을 유보해야 한다. 적지 않은 역사적인 문제가 이를 예증해 주고 있다. 냉소주의에 빠지지 않는 건강한 회의정신은 모든 역사교육이 지니는 하나의 목표가 되어야 한다.

　무한한 탐구의 주제가 되는 역사는 진리에 대한 호기심과 갈증을 자극하는 강력한 자극제라 할 수 있다. 역사 탐구의 정신은 개인의 의견, 가치관, 상상력이 작용하는 주관적인 측면이 정당성을 지님으로써 생기를 얻는다. 학생들은 일단 자신의 의견을 지식의 바탕 위에 올려놓고 나아가 새로운 지식이 그것을 필요로 할 때 자신의 의견을 수정할 용의를 갖추는 때에는 그 의견이 가치가 있다는 사실을 배우게 된다. 역사학의 작업은 과학보다는 인문학에 더 가까운 것으로 항상 개인의 지적인 모험의 성격을 띤다.

　역사 연구는 복잡한 것을 처리하는 훌륭한 훈련이 된다. 모든 단순한 사실이나 개념이라는 것도 따지고 보면 무수한 행동과 사건들을 가리키는 대단히 복잡한 추상물이다. 또 한편으로 역사학은 복잡한 주제를 적어도 의미 있게 사고하기 위해서는 과정이나 경향을 손쉽게 다룰 수 있는 비교적 적은 수의 개념들로 환원시키는 것이 얼마나 필요한지를 깨닫게 해 준다. 또한 역사학은 사실과 관념이 어떻게 함께 사용되어야 하는지를 보여 준다. 즉, 역사학은 관념이 사실들에 관한 지식에서 발전해 나와 사실들에 비추어 확인되어야 하는 반면, 사실들은 그것에 의미를 부여하는 관념들과의 관계 속에서 조직되고 해석된다는 것을 보여 준다.

올바르게 접근되는 역사는 결코 닫힌 꼴이 아니다. 항상 발굴해야 할 많은 정보가 존재하고, 새로운 것이든 낡은 것이든 새로운 해석들을 가능하게 한다. 그러나 성공적인 탐구에는 호기심과 정열 이상의 것이 요구되는데, 정보의 수집과 선택 및 조직을 효과적으로 보장해 주고 쉽게 믿어 버리지 않는 회의를 가능케 하는 엄격한 방법이 요구된다.

또 역사학은 책임감을 갖추게 함으로써 책임감이 필요한 어떤 일에서도 책임감을 발휘하는 기술을 익히게 해 준다.

역사를
어떠한 관점에서
바라볼 것인가?

역사에 대한 접근법의 기본적인 요소는 시간의 차원이다. 역사는 우리에게 현재란 과거의 산물이며 진행되는 진화 과정의 변하는 한 순간이며, 과거부터 존재하는 많은 현실과 마찬가지로 오늘날 영구적인 것으로 생각되는 많은 현실도 너무나 순간적인 것으로 나타나게 될 가능성이 있음을 가르쳐 준다.

과거에 일어난 일의 현실성을 느껴 보는 방법으로 역사적 사건들이 실제로 일어났던 장소들을 방문해 보는 것은 큰 도움이 된다. 미국보다는 유럽이 이런 기회들을 많이 제공해 주고 있다. 그러나 미국에서도 어느 곳을 가더라도 역사적 건물들, 복원된 교역 시장들, 중요한 전쟁터들을 찾아볼 수 있다. 하다못해 옛 무덤들도 한 도시의 연륜을 말해 주며 과거가 현재 못지않게 현실적임을 우리에게 상기시켜 주는 역할을 한다.

우리는 시간 의식을 가짐으로써 시간과 관념들의 의미를 구체적인 상황과 관련시켜 평가할 수 있게 된다. 한 시기에 매우 새로웠던 것도 그 이후 시기에는 역사의 관심을 끌지 못하는 일

게티즈버그 국립묘지
(Gettysburg National Military Park)

게티즈버그 전투는 1863년 7월 1일부터 7월 3일까지 3일 동안 펜실베이니아 주 게티즈버그 인근에서 벌어진 남북전쟁에서 가장 참혹한 전투였다. 남군이 패배한 결과로 남북전쟁의 최종 방향이 결정된 전투로 평가받는다.

상화된 사실로 바뀌고 만다. 한 세기에는 가장 급진적인 관념들이었던 것, 이를테면 150년 전의 민족주의와 자유방임주의도 그후의 시대에는 반동의 보루로 변하고 만다. 오늘날에는 너무나 자연스럽게 여겨지는 관념들, 예컨대 민주주의와 사회보장제도는 몇 세기 전까지만 해도, 아니 몇십 년 전까지만 해도 공상적인 꿈에 불과했다. 오늘날의 정통적인 사상들이 약화되어 시들어 버리고, 또 이 순간의 꿈과 투쟁들이 다가오는 세대들의 일상적인 소유로 변하게 될 공산도 없지 않다. 어떤 관념(또는 사상)이나 제도의 중요성은 그것의 시간적 배경에 의존하는 것으로 역사적 시각을 갖는 일이 모든 사회과학 및 인문학의 연구에는 필수적이다.

시간 차원의 시각을 갖게 되는 것과 아울러 역사 연구는 인간 행동의 모든 측면에 관한 폭넓은 시야를 갖게 한다. 사회과학의 전문적 연구가 생활 전체로부터 특수한 한 측면, 예컨대 정치적 측면, 경제적 측면, 사회적 측면 등을 추상해 내는 데서 출발하는 것이라면, 이렇듯 전문화된 통찰력을 인류에 대한 통합적인 상(像)으로 되돌려 놓는 일이 필요해진다. 역사학이 바로 이런 일을 시도한다. 역사학은 한 가지 요소로 인간 경험을 해석하는 것을 허락하지 않고, 생활의 모든 측면에서의 동기와 환경이 적절한 비중을 차지할 것을 요구한다.

역사학은 사건들이 인간의 계획에 따라 이루어지지 않는 경우가 많으며, 어떤 행동의 결과가 처음의 의도와 완벽하게 일치하는 경우가 아주 드물다는 인식을 키워 준다. 그리하여 역사학도들은 이념과 체제의 불일치, 이론과 실제의 불일치를 인식하도록 가르침을 받는다. 역사학도들은 모든 국가와 계층의 사람이 실제로는 현실과 맞지 않는 관념들을 동원하여 자기들의 동기를 어떻게 합리화시키는지를 이해할 수 있게 된다. 역사학은 인간의 합리성이 지니는 한계성을 지적하여 준다.

역사에 대한 접근법이 지니는 궁극적 장점은 초연성에 있다. 이러한 초연성으로 인해 관찰자는 개인적으로는 어떤 입장을 더 선호하더라도 관점을 초월해 문제의 모든 측면을 고찰할 수 있게 된다.

역사 연구는 관점의 차이가 정당하다는 점과 인간사에 관한 한 최종적 판단을 내리기가 어렵다는 사실을 가르쳐 준다. 역사적 사고는 인간사에서 어떠한 상황도 갖가지 동기들이 얽혀 있으며, 지혜와 실수가 공존하고 있음을 찾아낸다.

예를 들면 이런 것이다. 미국 남북전쟁에서 어느 편이 옳았는가? 북부 쪽인가, 아니면 남부 쪽인가? 사실 이런 유의 문제 제기는 아무런 의미가 없다. 여기서 '옳다'는 판단은 그 시간적 배경에 따라 달라질 수 있으며, 양자택일의 판단은 역사적 현실에 대한 모독이기 때문이다.

훌륭한 역사적 감각을 지니게 되면 설사 선과 악, 흑과 백으로 확연히 갈라지는 투쟁이 일어난다 하더라도 얼마나 드물게 일어나는지를 이해하게 된다. 나아가 여러 회색 중에서도 그 미세한 차이를 인식할 수 있게 된다.

이것이 역사학을 공부하는 사람들에게 당면한 세상을 살아가는 데 있어 역사학이 제공해 줄 수 있는 가장 중요한 교훈이다.

역사는
객관성과
훌륭한 시민 정신을
길러 준다

중등교육 심지어 대학교육에서도 대량교육이 행해지고 있는 이 시대에 가르쳐야 할 주요한 과제들 그리고 기회들 중의 하나는 학생들로 하여금 지식과 의식을 갖춘 시민이 되어 민주 사회의 책임 있는 시민의 역할을 다하고 나아가 지성을 갖춘 지도자의 역할을 담당할 수 있도록 준비시키는 것이다. 역사학은 다른 어떤 학문 이상으로 이 같은 훈련을 시키는 자연스런 도구가 아닌가 생각된다. 역사의 주제는 시민이 자신이 살고 있는 세계가 어떻게 돌아가고 있는지를 이해하는 데 필수적인 과정을 제공해 주며, 역사적 사고 방법은 이성적 판단을 내릴 수 있는 최상의 훈련이 된다.

문명이 생긴 이래 거의 모든 사회에서 역사는 시민 개개인에게 충성심과 책임감이라는 공적인 덕(德)을 가르쳐 주는 자연스러운 도구로 간주되어 왔다. 그러나 이런 기능은 우리가 역사를 비판적 판단과 초연성을 길러 주는 도구로 강조했던 것과는 모순이 되기도 한다. 정부나 운동단체의 지도자들은 항상 역사를 선전의 도구로 이용하려는 유혹에 빠진다. 세계 어느 곳에서나 대부분의 전통적인 역사교육은, 특히 대학 수준 이하의 역사교육은 교화(indoctrination)를 목적으로 하여 국민 국가를 미화하고 학생들에게 국가에 대하여 무조건 충성하도록 교육시키는 데 열을 올렸다. 이런 목적을 염두에 두었기 때문에 국사의 연구가 흔히 법으로 제정되기까지 했다.

국사의 서술이 국수주의적인 성격과 편파성을 띠고, 자기 국가의 업적과 야심을 정당화시키고, 자국의 약점이나 실패는 적당히 얼버무려 설명하는 경우가 적지 않았다. 이런 식의 역사 서술은 민족의 기원이나 지도자들에 대해 터무니없는 신화를 만들어내곤 했다. 예를 들면, 국가의 지도자들을 전지(全知)하고 신성한 인물로 치켜세웠다.(미국사가 미국의 건국 선조들을 서술하는 경우가 그렇다) 심지어 자기 민족이 신에 의해 창시되었다고 서술하는 경우도 있다.(일본사가 일본족이 이자나기[2]라는 남신과 이자나미라는 여신에 의해 창시되었다고 서술하는 경우가 그렇다.)

자기 민족의 영웅들을 미화하고 적을 비방하려는 욕구는 인간의 천성인지도 모른다. 그러나 이런 사실은 전통적인 국사의 이 같은 현실적 관심이 진실에 비추어 반성하고 객관적으로 추구하려는 노력

2) 일본 신화에 등장하는 창조신으로, 오늘날 일본 열도의 많은 섬과 신을 낳았다고 전해지는 신이다.

인 역사 연구의 진정한 가치들을 전파하는 데 얼마나 큰 방해요인이 될 수 있는지를 설명해 주는 것이기도 하다.

역사의 객관적인 탐구를 방해하는 요인이 비단 국사밖에 없는 것은 아니다. 최근의 역사를 살펴보면 이보다 더 큰 방해요인들이 있었다. 공산주의나 파시즘과 같은 이데올로기 운동체들이 과거와 현재 및 미래에 대한 특정한 절대적 관점을 신봉했던 것이 바로 그것이다. 이런 운동체들은 자신들에게 주입된 교리들과 모순되는 역사적 사고들을 검열하는 데 그치지 않고 한 걸음 더 나아가 역사를 공식적으로 뜯어고쳐 자신들의 운동체, 전략, 지도층, 심지어 그때그때의 특정한 정책까지도 정당화하기 위해 온갖 왜곡과 허위, 사실의 탄압과 같은 수법을 동원한다. 이런 상황 하에서 역사는 순전히 정치 선전의 도구에 불과할 뿐이다.

한 종족 집단에게 정체성(正體性)을 심어 주기 위해 역사를 다시 연구하거나(예를 들면 미국의 흑인 역사) 어떤 특정한 정치적 입장을 정당화하기 위해 역사를 다시 연구하게 되는 때(예를 들면 미국의 대외정책에 대한 신좌익과 극우익의 비판) 이와 유사한 함정들이 존재한다. 그렇다고 이런 문제를 다루어서는 안 된다는 말이 아니다. 과거 역사학자들이 빠트린 것을 바로잡는 일은 아주 중요한 일에 속한다. 단지 자신들의 구미에 맞게 일방적으로 역사를 왜곡하는 일은 피해야 하며, 역사적 사실들을 가능한 한 객관적으로 추구해야 한다는 의미다.

적극적인 측면에서 정직한 역사 탐구가 국가에 기여할 수 있는 방법은 없는가? 당연히 있다. 그러나 여기에는 사회나 사회의 지도자들이 역사의 복잡성을 이해하고 달갑지 않은 사실이나 해석이라도 충분히 받아들일 수 있는 개방적인 자세가 전제되어야 한다. 자기미화의 유혹을 극복하고 역사의 아이러니를 올바로 이해하면서 자신과 세계를 바라볼 수 있는 국가는 현실주의로 향하는 거보(巨步)를 내딛었다. 오늘날 어떤 다른 국가들보다도 영국이 이런 자질을 보여주고 있는 듯싶다.

국사는 한 국가의 성숙한 자기 인식을 촉진하는 데 중요한 역할을 한다. 그러나 여기에는 국사가 객관적으로 가르쳐지고 연구된다는 점이 전제가 되며, 이 객관적인 정신은 역사적 관점에 의해 촉진된다. 그러므로 국사는 고립되어 연구되어서는 안 되며, 다른 국가들과 병행 또는 상이한 발전과 나아가 관련된 역사적 선례들과의 맥락 속에서 연구되어야 한다.

미국사는 종종 특이한 현상으로 다루어져 마치 미국 이외의 다른 국가들에서는 자본주의도 민주주의도 발전되지 않은 듯한 인상을 주기도 한다. 미국의 종족사도 오늘날의 세계와 지난 시대의 민족과 종족의 노력들을 비교 검토하게 되면 그 의미가 더 높아질 수도 있을 것이다.

한 민족의 지도층은 물론 시민계급도 자신들이 다른 국가들과 어떤 경험과 가치들을 공유하고 있으며, 좋은 면으로든 나쁜 면으로든 자신들의 국가가 어떤 점에서 차이가 있는지를 분명하게 인식할 필요가 있다.

역사에 대한 이해는 미래를 경영하려고 하는 정치가들에게 중요한 길잡이 역할을 하는 것이 사실이다. 미국의 제33대 대통령 트루먼(Harry Shippe Truman)[3]은 다음과 같이 말했다. "일국의 대통령은 해박한 지식을 가져야 할 뿐만 아니라, 미래의 향방에 대해서도 끊임없는 관심을 가지지 않으면 안 된다. 대통령이 미래를 투시할 수 있으려면 역사의식을 지녀야 하고, 자신이 사는 시대를 이해할 줄 알아야 한다."

역사 연구는 추구하는 분야가 무엇이든 간에 한 사회의 미래의 지도자들에게는 꼭 필요한 훈련이다. 때로 역사학에 종사한 전력이 유명한 정치가들의 출세의 발판이 되기도 했다. 예를 들면, '7월 왕정' 시기에 프랑스 수상이었던 기조(François

3) 1884~1972. 미국 제33대 대통령. 미국의 대외정책을 냉전으로 이끌었다. 트루먼 독트린, 마셜 플랜, 북대서양 조약 체결을 추진했다. 1953년 아이젠하워에게 대통령직을 인수하고 정계에서 은퇴했다.
4) 1787~1874. 19세기 프랑스의 정치가이자 역사가. 1812년 기번의 《로마제국 쇠망사》를 번역하면서 역사가로서 출발하고, 그해 소르본느 대학 근세사 교수가 되었다. 7월 왕정 대신으로 산업혁명을 추진했다. 외무장관과 총리를 지냈다. 1848~1849년 영국에 망명했다가 귀국 후에는 노르망디의 소유지에서 저술에 전념했다. 대표적 저서로는 《유럽문명사》와 《프랑스문명사》가 있으며, 그는 역사를 그대로 묘사하기보다 현실의 가치관에 입각하여 과거를 검증하는 입장이 강해 철학파라고 불린다.

프랑스 전 수상 기조
(François Guizot)

러시아의 정치가 밀류코프
(Pavel Milyukov)

캐나다 전 수상 레스터 피어슨
(Lester Pearson)

역사학 출신 정치가들

Guizot)[4], 러시아 자유주의의 위대한 지도자였던 밀류코프(Pavel Milyukov), 1960년대에 캐나다의 수상이었던 레스터 피어슨(Lester Pearson), 최근의 여러 미국 상원의원들이 그러하다.

역사의식은 지도자들에게만 중요한 것이 아니다. 민주주의 사회에서 올바른 선택을 하기 위해서는 모든 시민에게도 역시 중요하다. 독재체제가 하는 것처럼 시민이 무조건적으로 충성하도록 길들이자는 말이 아니다. 역사학은 이와 반대로 참다운 충성심과 참여의 기초가 시민을 교화시키는 데 있지 않고 사회생활의 전체 구조에 깊이 뿌리를 내리는 데 있다는 점을 분명히 보여 주어야 한다.

역사학이 민주사회의 시민에게 줄 수 있는 이점은 이들이 살고 있는 사회의 성격, 당면한 문제들, 지향하는 방향에 대해 현실적인 시각을 갖게 하는 것이다. 역사학은 국가가 당면한 문제들에 대한 조속하고 완벽한 해결책은 존재하지 않는다는 사실을 깨우쳐 줌으로써 단기적으로 인내하는 자세를 가르쳐 줄 수 있으며, 어떠한 생활방식이나 어떠한 정치세력의 균형관계도 영구히 존속할 수 없다는 사실을 깨우쳐 줌으로써 장기적인 안목에서 변화를 받아들일 수 있는 자세를 갖추게 한다.

무엇보다도 역사학은 시민이 쉽게 믿는 잘못을 저지르지 않도록, 또 조속한 변화나 아니면 완전한 현상 유지를 약속하는 지도자에게 빠지지 않도록 예방하는 역할을 한다. 우리는 시민

이 현명하고 책임 있는 유권자가 되도록(여기에 민주주의의 사활이
걸려 있다) 이끄는 사회적 경험의 기록을 역사에서 구하지 않을
수 없다.

역사가들이란 같은 시대 사람들이 잊고 싶어 하는 것을
전문적으로 기억하는 사람들이다.

- 에릭 홉스봄

2

Chapter

무엇을 기준으로 역사를 나눌 것인가?

인간의 기록이

  방대하고 복잡함을 고려할 때 역사에 대한 이해는 한 번에 한 곳에서, 자신의 관심사나 가장 가까운 곳에서부터 시작하는 것이 좋다.

  과거의 자연스런 통일상을 흩뜨리지 않고 이런 방식으로 시작하기 위해서는 인간의 삶이 구체적으로 연결되어 있는 여러 부분을 인식하는 것이 중요하다. 모든 인류가 그 안에서 살아가는 정치적 구분들—국가들—처럼 이러한 단위들 가운데는 우리에게 명백하게 주어진 것들도 있다.

그 밖에 역사학자들은 어떤 의미를 부여하여 과거를
여러 부분으로 잘라 놓는다. 시기 구분이라든지 사건들
을 여러 측면으로 나눈다든지 하는 것이 그 예라 할 수
있다.

학생들은 시작 단계에서부터 이러한 역사적 정보의
분류들을 이해해야 하며 자신들의 목적에 따라 이것을
이용하는 법을 배워야 한다.

역사 구분의
기준

   2만~3만 피트 정도의 상공에서 비행기 밖으로 세계를 내려다보면 당신은 보이지 않는 인간관계의 그물이 수없이 많은 농장과 마을, 그리고 여기저기 매연에 싸인 도시들을 결합하고, 그 안에서 대체로 안정된 사회 체제가 작용하고 있음을 깨닫게 될 것이다. 물리적인 연결은 수송과 커뮤니케이션 체제에 의해 이루어져 있다. 물론 이것은 역사의 흐름에 따라 급격히 변한다. 그러나 이보다 더 근본적인 것은 경제적인 연계와 정부에 의한 정치적 연대다. 무엇보다 정부는 한 영토에 사회적 통일성과 공통의 경험을 가능케 해 준다. 이로 인해 우리는 한 국가로서의 그 역사를 연구할 수 있게 된다.

   국민국가(national state)가 지배했던 근대 서구에서 역사에서 국민적 기반은 당연한 것으로 간주되었다. 각 나라의 국민은 자신의 특수한 입장에서 세계사를 조망하는 경향을 보였다. 자신의 국가의 과거를 강조함으로써 편협성이 나타나고, 심지어 심한 자기 선전적 편견을 보여 준 경우도 많았다. 프랑스와 독일인들이 각기 상대방 국민에 대하여 가르쳐 온 방식이 바로 이와 같았고, 러시아 국민은 오늘날까지도 이런 식으로 교화되고 있다. 때로는 같은 국가 내의 한 부분의 역사에 특이한 성격을 가져다주는 사건들도 있다. 예를 들면, 남북전쟁으로 인해 오늘날까지도 그 후유증으로 북부 주와 남부 주의 사회적, 정치적 차이가 존재하고 있다.

국사가 편견과 편협적인 관점을 지니고 있는 것은 사실이지만, 역사적 경험이 주로 국민 단위로 이루어졌던 근대 서구 문명과 같은 문명을 다룰 때 국사적 접근이 필요하다. 미국의 국사 교육은 미국의 과거의 구체적 경험을 집중적으로 다루는 독립된 과목으로 가르쳐야 한다는 것은 너무도 당연한 일이다. 이와 마찬가지로 대학 고학년 학생들을 위해서는 유럽사에 대한 연구로 주요 국가들에 관한 개별 과목이 주어진다.

반면, 이런저런 이유로 해서 국사적 접근이 어려운 경우도 있다. 스페인 문화와 스페인으로 인해 공통적으로 겪은 식민지 경험이 라틴 아메리카의 여러 개별 정부들 이상으로 이 지역의 대부분을 연결시켜 주고 있기 때문에 라틴 아메리카의 역사는 지역을 바탕으로 해 가르칠 때에 보다 효과적이다. 파키스탄이 독립한 1947년[5] 이전의 인도와 파키스탄의 역사는 분리될 수 없다. 한 국가는 분할될 수 있지만 그 국가가 겪은 공통적인 역사적 경험은 분할될 수 없다.

특정 시대와 장소에 대해서는 사회적 단위가 정치적 단위보다는 더 기본적이다. 우리는 정치적 영역에서의 정복과 분할의 격변에도 불구하고 공통된 경험을 반영하고 있는 민족과 사회, 그리고 문화들이 존속하고 있음을 발견할 수 있다. 18세기에서 20세기 사이 폴란드 국가는 존재하지 않았지만 폴란드 민족은 사라지지 않았다. 인도의 경우는 정치적으로 한 번도 완전한 통일과 자주 독립을 동시에 이룬 적이 없었지만 수천 년 동안 역사적 실체로 존속해 왔다. 그것이 정치적 실체이든 단지 문화적인 실체이든 역사 연구의 자연스런 단위는 특정한 시기와 장소의 구체적인 역사에 의해서 결정된다.

때로 우리는 보다 근본적인 것에 속하는 역사적 현상을 다루어야 할 때가 있다. 더 적절한 용어가 없기 때문에 우리는 이를 '문명'이라고 부른다. 문명이란 오랜 시기를 거치면서 넓은 지역에 사는 사람들이 함께했던 특정한 제도와 가치, 신념, 그리고 이를 통일시켜 주는 뚜렷한 하나의 종교적 배경을 지닌 특수한 생활방식을 가리킨다.

문명은 보다 사변적이고 철학적인 역사 사상가들에 의해 역사 연구의 일차적 단위로 간주되었다. 문명의 흥망의 순환현상을 설명하기 위해 많은 흥미로운 이론이 생겨났다. 그중 가장 유명한 이론이 독일인 슈펭글러(Oswald Spengler)[6]의 이론(《서구의 몰락》)과 영국인 토인비(Arnold J. Toynbee)[7]의 이론(《역사의 연구》)이다.

이론가에 따라서 한 문명을 구성하는 것이 무엇인가에 대한 평가가 각기 달랐다. 그러나 근대의 시점에서 구체적으로 문명을 열거하는 것은 쉬운 일이다. 그것은 다음과 같다.

◇ 서양 문명, 혹은 유럽 문명, 혹은(미주를 포함한) 서구 문명
◇ 북아프리카와 중동의 이슬람 문명
◇ 인도 문명 내지 힌두 문명
◇ 중국과 일본을 포괄하는 극동 문명

러시아가 이중 어디에 속

6) 1880~1936. 독일의 비합리주의 사상가. 제1차 세계대전 직후에 간행된 그의 저서 《서구의 몰락》은 큰 반향을 일으켰다. 그는 이 책에서 역사 속의 흥망을 생명주기 이론으로 설명했다. 자기 완결적인 유기체로서의 8개의 문화권(이집트, 바빌로니아, 인도, 중국, 고대 그리스·로마, 아라비아, 멕시코 및 서양)이 세계의 구성단위이고, 그들은 서로 이질적이면서, 그 경과하는 시기들(발육, 개화, 몰락기)에 있어서 서로 유사하다고 설명했다.
7) 1889~1975. 영국의 역사가이자 문명 비평가. 그는 《역사의 연구》에서 역사 속의 흥망을 도전과 응전이라는 개념으로 설명했다. 19세기 이후의 전통 사학에 맞서 새로운 역사학을 개척했다고 평가받는다.

《서구의 몰락(Der Untergang des Abendlandes)》

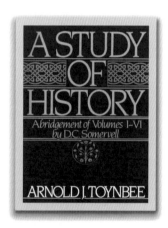

《역사의 연구(Study of History)》

Oxford University Press, USA, 1987.

하는 것이 적당한지는 적어도 러시아인들에게는 분명하지가 않다. 러시아의 배경은 상당히 뚜렷이 구분할 수 있는 비잔틴 문명 내지 동방 정교 문명에까지 거슬러 올라간다. 그러나 지난 2세기 동안 러시아는 상당히 많은 서구화 현상을 겪었기 때문에 러시아를 서구세계의 특이한 일부로 간주해도 될 정도다.

사실 세계의 주요 문명은 제각기 특이한 생활 방식과 사고방식을 보여 주고 있기 때문에 국외자는 평생을 바쳐 연구하지 않으면 그것을 이해하기가 매우 어렵다.

우리와 다른 문명의 역사는 그것이 아무리 복잡하더라도 전체 문명을 하나의 단위로 삼아 접근해야 한다. 오늘날 미국 대학에서는 중동, 인도, 극동에 대한 연구가 폭넓게 행해지고 있다. 우리가 속해 있는 문명에 대한 전체적 접근은 대학 1학년생의 입문 과정의 필수과목이 되어 있는 만큼 교수나 학생 할 것 없이 상당히 어려운 도전에 직면하고 있다. 우리에게 익숙해져 있는 세부적인 사실들의 숲을 헤치고 그 윤곽을 파악하기 위해서는 당파와 신념 혹은 국가라는 정신적 경계선을 넘어서서 서양의 공통적인 경험들을 평가할 수 있어야 한다.

서양의 공통적인 경험 가운데는 다음과 같은 것들이 있다.

◇ 그리스 – 로마, 유대 – 그리스도교적 유산.
◇ 종교개혁 이전까지의 로마 가톨릭 세계의 종교적 통일성.

◇ 영구적인 정치적 분열과 교회와 국가 간의 끊임없는 대립. 이에 따라 가능해진 다양성과 자유 및 변화.

◇ 권위와 개인 간의 긴장.

◇ 일시적으로 서양의 세계 지배의 길을 열어 주었던 억누를 수 없었던 탐구, 탐험, 모험의 정신

역사의
시기적 구분

　세계의 주요 문명은 물론 유서 깊은 한 민족국가의 역사만 해
도 100년이 넘는 세월에 걸쳐 있고, 그 속에 살던 사람들의 생
활에도 많은 변화가 있게 마련이다. 따라서 좀 더 자세한 역사적
연구라면 여러 시기로 구분해 이루어지지 않으면 안 된다. 이러
한 시기 구분은 몇 세기와 같은 식으로 적당히 구분해서는 안 되
고, 생활체제나 정치조직이 급격한 변동을 겪은 전환점들을 중심
으로 이루어져야 한다. 로마의 몰락은 유럽사에 대한 모든 사고
가 여기에서부터 전개되어야 할 만큼 중요한 의미를 갖는 하나
의 전환점이다. 북미의 역사에서는 미국의 독립이 이와 같은 중
요한 분수령이 된다.

　이후의 관점에서 보면, 그 중요성을 상당히 잃기는 했지만
관례화된 시기 구분들은 존재한다. 1500년경을 중심으로 이른
바 중세와 근대를 구분하는 것이 이 같은 관례화된 시기 구분에
해당한다. 르네상스, 지리상의 발견을 가져온 항해들 및 종교개
혁[8]에 힘입어 세속주의(secularism)[9]와 개인주의로 정신적 전환

8) 16~17세기 유럽에서 일어난 로마
가톨릭 교회의 혁신을 요구한 개혁 운
동. 본격적인 종교개혁은 루터에 의해
시작되었다. 종교개혁은 근대국가 성립
에 영향을 미쳤다.
9) 기구나 관습들이 종교나 종교적 믿음
으로부터 분리되어야 한다는 주장. 현대
의 무종교·무신앙적인 경향도 넓은 의
미의 세족주의라 할 수 있다.

이 이루어진 사실도 결코 무시할 수는 없다. 그러나 이보다 근본적인 변화는 중세 내에서(11세기와 12세기의 상업과 문화의 부흥), 그리고 보다 근대적인 시대 내에서(산업혁명) 발생했다. 중세 - 근대의 구분은 서양 생활의 대부분의 측면들에서의 기저에 깔린 연속성, 특히 14세기와 18세기 사이의 정치 및 경제적 연속성을 무시하고 있다.

한 문명의 보다 오랜 역사에 속할수록 국가보다는 역사적 시기가 오히려 의미 있는 연구의 단위가 되는 경우가 많다. 그것은 이 역사적 시기들이 모든 국가가 겪은 공통된 경험의 국면들을 잘 드러내 보여 주기 때문이다. 따라서 서양문명을 수준 높게 연구하는 대학 고학년의 경우는 시기를 기반으로 하여 과목을 세분하는 것이 자연스럽다. 예를 들면 다음과 같다.

◇ 중세 : 1300년에서 1500년 사이에 다양하게 끝을 맺는다.

◇ 중세 말기와 근대 초기를 연결시켜 주는 '르네상스와 종교
　개혁'

콜로세움
(Colosseum)

베스파시아누스 황제에 의해 72년에 착공되어 티투스 황제 때인 80년에 준공되었다. 높이 48미터, 둘레 500미터의 로마시대 최대의 건축물.

◇ 근대 유럽 : 1648년 베스트팔렌 조약[10]에서 프랑스 혁명 내지 나폴레옹의 몰락까지를 한 학기에 다루고 또 한 학기에는 1789년 내지 1815년에서 제1차 세계대전 발발까지를 다룬다.

◇ 제1차 세계대전에서 현재까지 이르는 '현대사' 등으로, 현대사는 불가피하게 유럽적인 사건들의 한계를 넘어 전체 세계에까지 이르게 된다. 최근의 사건들은 전 세계를 하나의 단일한 역사적 실체로 결합시켜 놓았다.

이보다 더 세분된 시기 구분은 특정한 국가나 특정한 문제를 다룰 때 행해지는 것이 상례다. 미국사는 전형적으로 다음과 같은 시기로 나누어진다.

◇ 식민지 시기 : 1763년에서 1789년에 이르는 혁명기
◇ 1815년까지의 건국 초기
◇ 잭슨의 민주개혁과 남북전쟁으로 치달은 지역 분쟁의 시기를 포함한 '중기'
◇ 1876년까지 이르는 재건기
◇ 1900년경까지 이르는 '황금기'
◇ 제1차 세계대전까지의 진보적 시기
◇ 대공황까지의 1920년대의 '정상기'

◇ 1941년까지 이르는 뉴딜기

◇ 보다 최근의 시기에 관해
서는 역사의 개요가 전문
적인 학자들의 의견 불일
치로 인해 명확히 규정되
지 못하고 있다.

> **10)** 영어로 웨스트팔리아 조약이라고도 한다. 이 조약은 국제법의 효시로 평가 받는다. 이 조약의 결과 독일의 30년 전쟁과 스페인과 네덜란드 간의 80년 전쟁이 종결되었고, 프랑스의 영토가 확장되었다. 또한 개신교에 종교의 자유가 허용되었다.

최근의 역사에 관해 합의가 가능한 유일한 시기구분(periodization)은 어쩔 수 없이 대통령제의 행정부, 수상의 임기, 쿠데타로 이어지는 독재자의 임기를 기반으로 삼게 된다.

역사 구분의 기준이
다양화되고 있다

특히 개별 국가들의 단기 역사를 연구하는 경우에 그 역사상 (歷史像)의 가장 의미 있는 구분은 문제를 중심으로 한 구분인 경우가 있다. 즉, 인간관계들의 여러 형태와 그에 따른 구체적인 활동 형태들을 독립적으로 연구하는 것이다. 특정 지역에서의 일정한 시기에 걸친 한 사회의 생활의 특정한 측면이 동일한 사회에서 일어난 다른 사건들과 상당한 정도 독립된 독자적 역사를 지닐 수도 있다.

역사학자들이 각기 분담하고 있는 문제들이나 측면들은 우리에게 익숙하고 뻔한 것이다. 정치사(정치사는 외교사와 군(軍)의 역사로 세분된다), 사회사(흔히 경제사와 함께 다루어진다), 문화 및 지성사 등이 그것이다. 정치사는 정부와 지배층을 중심으로 이들이 자신들의 통제하에 있는 국민과의 관계에서 타국 정부 및 지배층과의 교섭에서 권위를 사용하여 이루어 놓은 업적을 집중적으로 다룬다. 경제사는 상품과 용역의 생산에 관계된 모든 활동——농업과 공업, 무역과 수송, 기술과 상업——을 포괄적으로 다룬다. 사회사는 일정한 틀이 없지만(가족으로부터 계급과 국민에 이르는) 사회제도 및 사회관계의 역사, 전형적인 조건과 관습의 역사, 대중적인 신념과 운동의 역사를 포괄하게 된다.

지금까지 정치사에 가려져 왔던 사회집단들의 경험, 특히 여성과 흑인들의 경험이 미국에서 특히 인기 있는 연구주제가 되고 있다. 문화 및 지성사는 주요한 학자들과 예술가들의 개인적인 업적을 중심으로 다루는 경향이 있으나 종교, 교육, 과학, 문학 및 철학의 영역까지 확대되고 있다.

최근의 역사 연구는 19세기 말엽까지 거의 정치 영역과 외교 영역에만 관심을 두던 경향에서 벗어나 사회 경제 영역과 문화 및 지성 영역에도 동일한 강조점을 두는 방향으로 그 경향이 바뀌었다.

이러한 경향과 궤를 같이하여 현재 한 사회가 직면하고 있는 쟁점이나 문제들에 부응하는 새로운 역사 연구의 분야가 형성될 수도 있다. 도시사와 종족사에 대한 관심이 높아지고 있는 것이 이러한 예라고 할 수 있다. 관례적인 역사적 범주들을 가로지르는 이와 같은 전문분야들은 역사학자들의 사고의 융통성을 보여 주며, 역사적 접근이 현시대의 문제들에 적합성을 지니도록 수행될 수 있음을 말해 준다.

그러나 역사를 특수한 관심 영역으로 나누는 모든 구분법은 편의를 위한 것일 뿐이므로 결코 절대적인 것으로 간주되어서는 안 된다. 역사적 활동을 여러 종류나 수준으로 구분하여 각각 그에 적당한 중요성을 부여하는 것은 중요한 일이다. 그러나 이들 간의 상호관계를 항상 명심할 필요가 있다. 또 관찰자의 관심도에 따라 정치적인 사건으로 보일 수도 있고, 경제적인 사건으로 보일 수도 있으며, 사회적인 사건으로 보일 수도 있고, 문화적인 사건으로 보일 수도 있는, 다시 말해 경계를 정하기가 어려운 사건들도 있음을 명심해야 한다.

경제생활은 상당히 오랫동안 경시되어 왔다. 이로 인해 여러 사람 가운데서도 특히 칼 마르크스는 그의 '유물론적' 역사관[11]에서 경제생활에 거의 절대적인 중요성을 부여하게 되었다. 그러나 경제적 측면에 미치는 영향력을 지나치게 강조하는 것도 비현실적이기는 마찬가지다. 역사의 다양한 모든 측면은 이리저리 얽혀 있는 인간 행동과 사회생활의 그물의 여러 모습을 드러내 보여 주는 것이므로 생활의 각기 한 측면은 다른 수준에서 발생하는 사건에 의해 영향을 받기 마련이다.

11) 물질적 요인, 즉 생산력과 생산관계와 같은 경제적 이해관계가 역사를 발전시키는 원동력이라고 보는 관점.

전문적인
역사 연구

    역사학의 입문 과정이나 개괄적 과정 정도로는 그것이 대학 수준의 것이라 할지라도 방대한 역사적 기록의 겉핥기 정도에 불과하다. 국가별 연구나 시기별 연구와 같은 보다 고급과정도 많은 역사적 사건을 손대지 못하고 지나치는 것은 마찬가지다. 그러나 반쪽이라 해도 없는 것보다는 나은 법이다. 대학에서 역사를 얼마나 연구하든지 간에 인간사에 대한 시각은 전보다 훨씬 명확해지게 될 것이다.

    대학에서 역사학을 전공하려고 하는 학생은 대개 1년에 역사학에 관해 네 과목 정도의 강의를 듣게 되고 그 외 사회과학 관련 분야나 본인이 관심을 가진 국가의 문학 분야에 대해 두 과목 정도의 강의를 듣게 되는 것이 보통이다. 미국 대학에서의 역사학 전공필수 과목에는 대개 다음과 같은 과목이 포함된다.

  ◇ 로마의 몰락에서부터 시작하거나 르네상스에서부터 시작
    해 현대까지 이르는 유럽사 개관

◇ 1년 코스의 미국사 개관

◇ 대부분의 역사학과에서 제공하고 있는 다양한 시기별 연구, 국가별 연구, 문제별 연구 중에서 선택하여 듣는 전문적 연구 과정

◇ (사학사와 역사 연구 방법론을 포함하여) 역사 서술에 관한 과정

대학 수준에서의 전문적인 역사 연구는 중등교육 기관에서의 교사직과 직접적으로 관련이 있다. 고등학교에서 역사를 가르치거나 사회 과목을 가르치는 교사는 최소한 대학에서 역사학 전공의 교육을 받아야 한다. 그 밖에 여러 많은 활동 분야에서도 역사학을 공부한 배경은 큰 도움을 주는데, 특히 법조계, 저널리즘 및 매스컴 분야, 관계(官界)에서 그러하다.

일부 대학은 공적인 문제들이나 통치상의 난점들이 어떻게 발생했는지를 조사하고, 이런 문제들에 대한 해결책을 강구하는 데 역사적 방법을 활용하는 법을 학생들에게 훈련시킬 목적으로 학부 과정 내지 대학원 과정에서 'public history(공적 역사)' 또는 '정치 연구'와 같은 과목들을 개설하고 있다. 사회과학이나 인문학 분야에서 대학교수나 연구에 임하기 위한 대학원 연구 과정에서는 역사학을 배워 두는 것이 전공분야를 연구하는 것 못지않게 도움이 되는 경우가 많다.

고등교육 수준—대학에서 교수직에 있거나 연구직—에서 역사학을 담당하기 위해서는 체계적인 대학원 교육 과정이 반드시 요구된다. 1년 내지 2년의 대학원 연구 과정을 이수하면 석사 학위를 취득할 수 있다. 그러나 일반적으로 대학의 연구 교수직을 얻으려면 박사 학위 내지 철학박사 학위를 취득해야 한다. 박사 학위를 취득하려면 최소한 2년 동안 여러 가지 전문적인 역사과목들을 공부하고 조사연구 활동이 시작되는 세미나를 들어야 하고, 구두시험과 필기시험을 포함한 자격시험을 보아야 한다. 그 후 학위논문을 준비하기 위한 독자적인 연구와 학위논문 작성에 임하게 된다.

역사학의 특정 연구 분야에서 지식과 이해에 독창적인 기여를 하고 역사학에 관한 책이 될 만한 학위논문을 준비하는 데는 최소한 1년, 보통은 2년 내지 3년 정도가 걸린다. 박사 학위는 독립된 학자로서 활동할 수 있는 능력과 고등교육을 받는 학생들을 가르치고 새로운 학자들을 길러낼 수 있는 자격이 있음을 입증해 준다. 박사 학위 보유자는 온전한 한 사람의 역사학자로서 인간의 과거에 대한 우리의 이해력을 높이고 심화시키는 일에 참여할 수 있게 된다.

역사란 때의 경과를 증명하는 증인이다.

현실을 비추고 기억력을 강화하며 고대의 소식을 가져다준다.

- 키케로

3

Chapter

역사란 무엇인가?

그리고 여러 다른 연구분야들과의 관계에서 역사학이 차지하는 위치는 끊임없이 논란의 대상이 되어 왔다. 때로는 역사학이 문학, 예술, 철학과 나란히 여러 세기를 걸친 인간적 성과의 한 측면으로서 인문학으로 분류되기도 한다. 그러나 역사학은 상상력이나 감정에 기초하지 않고 사실에 기초한다는 점에서 이런 모든 인문학 분야와는 그 성격이 다르다고 할 수 있다. 그리하여 역사학은 경제학, 정치학, 사회학, 인류학, 기타 지리학과 심리학의 일부 분과들과 함께 사회과학에 포함되는 경우가 더 많다. 이런 분야의 어떤 학문도 우리가 자연과학 내지 정밀과학(exact science)에 붙여 주는 의미에서의 '과학'이라고 부를 수 있는지에 대한 질문을 제기할 수 있다. 특히 역사학은 엄격한 과학적 접근법에 저항한다. 역사학은 일반적 분석과 법칙에 의거해 설명하는 것이 아니라, 구체적인 서술의 방법으로 설명한다.

역사학은 의미 있는 역사적 인물이나 상황을 그 모든 살아 있는 세부적인 면에서 묘사하는 데 목적이 있다. 역사학은 시간에 초점을 두는 것으로 규정된다. 그러나 또한 역사학은 과거에 일어났던 인간 활동의 모든 측면을 포괄하는 특징을 지닌다. 따라서 역사학은 다른 사회과학 분야들의 세분화된 연구를 통합하는 학문으로 봉사할 수 있게 된다.

역사가
다른 학문 분야에
미치는 영향과 역할

　여러 사회과학 분야 중에서도 지리학과 정치학이 역사학과 밀접한 관련을 갖는 분야들로서 역사학과 연결 고리를 갖고 상호 중첩된다. 지리학은 역사가 발생했던 지리적 환경을 연구하며, 역사적 사건들의 공간적 차원을 확정지었으며, 지형과 자원이 인간의 역사적 업적과 어떠한 관계에 있는지를 설명하려 한다. 정치학은 우리의 역사적 경험의 주요한 부분을 차지하는 광범위한 정치적 자료와 사건들을 분석적이고도 체계적으로 설명하려 한다.

　경제학과 행동과학—사회학, 인류학, 심리학—은 보다 전문화된 경험 영역을 다룬다. 경제학은 화폐로 표시되는 생산과 교환 관계를 다루며, 사회학은 사람들 사이의 공식적 관계와 비공식적 관계의 그물을 다루며, 인류학은 특정 사회의 특징을 이루는 행동과 신념의 패턴을 다루며, 심리학은 인간의 사고와 감정 그리고 행동을 개인적인 측면에서 다룬다. 이런 모든 학문이 내린 결론들은 역사학자에게 귀중한 안목을 갖게 해 줄 수 있는 것이기 때문에 간과되어서는 안 된다. 반면, 이런 학문들은 역사의 자료에 의지해 인간 행동의 변화에 관한 역사적 시각을 갖추지 않으면 안 된다.

최근 컴퓨터의 이용과 함께 사회과학의 영향으로 역사 연구의 새로운 영역이 탄생했다. 최근 역사 연구는 오늘날의 여러 사회과학 분야와 마찬가지로 통계표, 인구기록표, 경제 자료 등을 이용해 과거의 사회를 모든 측면에서 이해하려고 하는 경향을 보여 주고 있다. 이런 운동에 앞장서고 있는 것은 〈연보(Annales: Civilizations, Societies, Economies)〉지의 기고자들로 구성된 이른바 프랑스의 '연보학파(Annales School)'다. 이들 중에서 가장 두드러진 활동을 보인 학자는 페르낭 브로델(Fernand Braudel)[12]이다. 브로델은 그의 기념비적인 논문 〈필리프 2세 시대의 지중해와 지중해 세계(The Mediterranean and the Mediterranean World in the Age of Philip Ⅱ)〉에서 16세기의 정치, 사회, 경제생활을 놀라울 만큼 훌륭하게 복원해 냈다.

사회과학이 새로운 역사적 접근 방법을 시도하게 한 또 하나의 영역은 '심리사

12) 1902~1985. 프랑스의 역사가이자 교육자이며 〈아날(年報) Annales〉지의 편집인. 저서로는 16세기 지중해 지역의 지리·역사·종교·농업·기술·지적 풍토에 대한 《필리프 2세 시대의 지중해와 지중해 세계》, 중세에서 산업혁명기까지의 사회경제사를 다룬 《15~18세기 물질문명·경제·자본주의(Civilisation materielle, economie, et capitalisme 15e~18e siede)》(3권)가 있다.

페르낭 브로델

(Fernand Braudel)

프랑스의 역사가이자 교육자

(psycho-history)'분야다. 심리
사 분야에서 역사학자들은 중
요한 역사적 인물들―예를 들
면(에릭 에릭슨[13]의《Young Man
Luther》에서의) 루터 또는 (브
루스 매즐리쉬의《In Search of
Nixon》에서의) 리처드 닉슨―
의 행동을 설명하는 데 심리
학과 정신분석의 방법을 응용하고 있다.

13) 1902~1994. 독일 출생의 미국 정신분석학자. 그는 인간의 발달단계를 8단계로 분류했는데, 각 단계는 단절된 것이 아니라 연속되고 축적되며 인간은 불안과 갈등을 겪으면서 성장한다고 파악했다. 저서로는《유아기(幼兒期)와 사회》(1950),《정체성과 생활주기》(1959),《청년 루터》(1958),《간디의 진리》(1969) 등이 있다.

역사학은 사회과학의 학문간 연구(interdisciplinary work)가 이루어지는 곳에서는 언제나 중요한 역할을 하게 된다. 학부 수준에서 또는 대학원 수준에서의 외국 연구는 특정한 한 국가나 문명지역에 초점을 두면서 이 지역의 역사를 그 언어와 문학과 연결시키며, 다른 사회과학 분야가 공급해 준 분석들과 결합시키게 된다.

《청년 루터(Young Man Luther)》

에릭 에릭슨의 저서로 정신분석학적 관점에
서 쓴 루터에 관한 평전이다. Peter Smith Pub
Inc(September 1962).

어떠한 사실이
역사가 될 수
있는가?

　역사학과 다른 사회과학 분야 사이에는 기본적인 차이점이 존재한다. 다른 사회과학 분야는 개인이나 사건들을 전체적으로 취급하여 이들이 공통적으로 갖고 있는 성질들을 연구함으로써 인간사에 대한 일반법칙에 도달하고자 한다. 반면, 역사학은 일차원적이고 불가역적인 시간의 흐름 속에서 발생하는 개인, 사건, 상황, 관념, 제도들의 특이한 연속관계를 연구하는 학문이다.

　역사학은 특수(particulars)에 대한 연구이기 때문에 역사학자가 관찰과 실험으로부터 일반화하여 자연현상의 법칙을 얻어내려는 과학자와 같은 방식으로 연구를 진행하는 것은 불가능하다. 물론 인간 행동에는 많은 규칙성과 패턴이 있고 이것이 사회과학자들에 의해 입증되면 역사가는 당연히 자신의 연구에서 이를 존중해야 하는 것은 사실이다. 그러나 엄밀한 의미에서 역사의 법칙이란 존재하지 않는다. 역사학자들이 실제로 할 수 있는 일이란 어떤 사건이 어떻게 하여 발생했는지, 혹은 그 결과는 어떻게 나타났는지를 조심스러운 서술을 통해 설명하는 정도에 불과하다. 역사학자들은 특정한 한 요인이 부가되었거나 또는 결여되었을 때 그 결과가 어떻게 나타날지를 시험해 보기 위해 실험을 진행할 수는 없다.

특수한 사건들이라고 해서 모두 역사학의 범위에 드는 것은 아니다. 역사학은 역사적 중요성을 지닌, 다시 말해 기억될 만한 가치가 있을 만큼 다른 사람, 사건, 제도들에 영향을 미친 사건과 제도 그리고 인물들만을 다룬다. 특수한 사실이라고 해서 반드시 역사적 의미를 지닐 만큼 특이하거나 굉장한 것일 필요는 없다. 그러나 반드시 중요한 영향을 미치는 것이어야 한다.

정치조직은 조그만 사고들을 크게 확대시켜 커다란 결과를 가져오게 하는 가장 일반적인 체제다. 즉, 지도층의 행동은 한 국가의 미래를 좌우할 수 있다. 역사가 일차적으로 정치사가 되고, 또 역사가 통치술이나 지배층의 사생활의 구석구석까지 큰 관심을 갖게 되는 것도 바로 이런 이유 때문이다.

1815년의 빈 회의[14]나 1945년의 얄타 회담과 포츠담 회담에서 실제로 경험했듯이, 하나의 정치적 결정이

14) 나폴레옹 전쟁 후에 유럽의 신질서 (비엔나 체제)를 확립하기 위해 영국, 러시아, 오스트리아, 프로이센 등의 유럽 열강이 빈에 모여 1814년 9월~1815년 6월 동안 개최한 국제회의. 1815년 6월 9일에 서명된 비엔나 최종의정서는 오스트리아 및 프로이센의 영토 확대, 네덜란드에 의한 벨기에 합병, 스위스의 영세중립, 독일연방의 결성, 프랑스에서의 부르봉가 복위 등에 대해서 규정했다.

나 외교협상이 전체 국가의 운명을 결정지을 수도 있다. 한 전투의 결과나 기후관계, 사령관의 건강 상태에 따라 일국의 미래가 위태로워지는 경우도 흔히 있을 수 있다. 맥킨레이 캔터(Mackinlay Kantor)가 그의 역사 공상소설《남부가 남북전쟁에서 승리를 거두었다면?(If the South had won the Civil War?)》에서 가상해 본 것처럼, 빅스버그가 포위를 당했던 시기에 그랜트 장군이 그의 말에서 떨어져서 죽었더라면 어떤 결과가 나타났을까? 그리고 만약 1925년 쑨원(孫文)[15]이 암으로 죽지 않고 계속 살아서 중국혁명을 이끌었다면 어떤 결과가 나타났을까?

"못 한 개가 빠져서 왕국이 망했다."

이 말은 그저 농담이 아니고 가끔 역사를 지배하는 것은 우연이라는 사실을 꿰뚫어 본 통찰이다.

개인의 경우도 사건의 경우와 마찬가지로 개인을 역사적 인물로 만들어 주는 것은 바로 그가 주위 세계에 미친 영향력이다. 이런 사람들은 대개 정치 지도자들이나 지적인 지도자들인 경우가 많다. 이들은 조직의 힘이나 말의 힘을 이용해 역사학자가 무시할 수 없을 정도의 개인적인 발자취를 사회에 남겨 놓는다. 그리하여

15) 1866~1925. 중국의 민족주의 혁명 지도자. 호는 중산(中山). 삼민주의를 제창하고, 신해혁명 후에 임시 대총통으로 추대되었으나, 위안스카이(袁世凱)에게 정권을 양보했다가 뒤에 중국 국민당을 조직하여 혁명을 추진했다.

율리시스 그랜트
(Ulysses Simpson Grant)

그랜트 장군. 그는 남북 전쟁 때 북군의 총사령관이 되어 남군을 격파하고 전쟁을 종결했으며, 미국의 제18대 대통령이 되었다.

쑨원
(Sun Wen)

중국 혁명의 아버지. 옆의 그림은 싱가폴 쑨원 난양 기념관에 있는 쑨원 초상화.

한 개인의 생활의 세부적인 사항들도 특별한 의미를 지니게 된다. 우리는 전기를 중요시할 필요가 있다. 전기는 중요한 인물들이 어떻게 탄생했으며 왜 행동하게 되었는지를 우리에게 알려주는 좋은 자료가 된다.

물론 현대와 과거의 인간사회의 생활을 구성한 많은 사건을 역사학자가 전부 다룰 수는 없다. 이런 사건들은 사회과학자들에게 넘겨져야 한다. 사회과학자는 이런 자료들에서 일반화하여 생활의 타당한 조건들, 신념들, 관계들, 대다수 사람이 공통적으로 보이는 행동의 형태들에 관해 결론을 내려 줄 수 있다. 역사학자는 이런 일반화가 사회에 정착하는 데 크게 영향을 미친 중요한 인물이나 사건들과 함께 그 특정한 일반화를 중요시하게 된다.

예를 들면, 인디애나 주 블루밍턴에 살던 루엘린 존스 집안이 1920년 7월 수도가 들어와 있는 집으로 이사를 했다는 특수한 사실은 당사자들에게는 대단히 중요한 사실이겠지만, 역사적 의미는 없다. 그러나 조사국이 전국의 화장실 누계를 내고 이와 같은 편의시설을 갖춘 가구의 퍼센트가 십 년마다 어떻게 증가하고 있는지를 보여 주는 수치를 발표하게 되면, 우리는 사회사에 중요한 일반화된 사실을 얻게 되는 셈이다.

그 자체로는 중요하지 않은 특수한 사실들도 많은 유사한 사실의 표본이 되어 하나의 역사적인 생활방식을 구성하는 데 도움을 주는 경우, 이는 역사적 관심의 대상이 된다. 일례로, 버몬트 주에 있는 셸버먼 미술관은 사회사의 중요한 기념비라 할 수 있다. 그것은 이 미술관의 건물과 공예품들이 1세기 내지 그 이전의 뉴잉글랜드의 생활양식을 보여 주기 때문이다. 만일 이 미술관에 있는 품목들이 전형적인 것이거나 영향력 있는 것이 아니라면 그것은 호기심의 대상이 될 뿐이므로 역사학자는 다른 곳에서 의미 있는 자료를 찾게 될 것이다.

때때로 우리는 특정한 한 활동이 한 시기에는 역사적인 것이었으나 다른 시기에는 관례화된 것일 수도 있음을 발견한다. 한때는 하나의 혁신이고, 사회를 형성하는 데 도움을 주는 특기할 만한 진전이 후에는 일상생활의 관례적인 한 부분으로 변할 수도 있다. 일례로, 정부의 재무기록을 보관하는 관행을 들 수 있다. 정부의 재무기록을 보관하는 관행은 중세의 개별 국가 왕정을 발전시키는 데 중요한 영향을 미쳤던 조치였지만, 오늘날에는 좀 까다로운 일이긴 하나 당연히 해야 하는 관례화된 절차가 되었다.

우리 시대에는 과학적 조사활동이 일상화되어 있는 것을 볼 수 있다. 한 세대 내지 두 세대 전만 해도 중요한 발견은 그야말로 역사적인 사건이고 주목할 만한 개인적 성과였다. 그러나 오늘날에는 정부와 기업체가 실험실을 유지할 수 있는 자금을 제공해 주고 있기 때문에 '발전'은 거의 자동적으로 이루어지고 있다.

요약하자면, 어떤 하나의 사실을 역사적 사실로 간주하기 위해서는 두 가지 요건이 필요하다. 하나는 그것이 개별적이고 구체적인 사실이든 일반적으로 추상적인 사실이든 간에 특수한 사실이어야 한다. 다른 하나는 그것이 전체 사회에 특수한 결과를 미치거나 또는 일반적인 결론이나 전형적인 사례로서 전체 사회의 성격을 반영함으로써 사회적으로 의미를 지니는 것이어야 한다.

역사를 구성하는 구체적이면서 추상적인 특수사실들(particulars)은 자연히 다른 분야의 사회과학자들에 의해 고찰되지 않으면 안 된다. 이런 사회과학 분야는 역사학에 일반화된 결론들을 제공해 주며, 반면 역사학은 사회과학 분야에서 연구하는 사회의 전체생활의 모습을 형성한 특이한 시대와 장소, 사건들의 구체적인 맥락을 설정해 준다.

역사적 접근법은 특수 사실들을 존중하고 양자택일의 단순화를 거부함으로써 여러 가지 일반 통념들을 바로잡아 줄 뿐 아니라 다른 사회과학 분야의 해석들도 바로잡아 줄 수 있다.

일례로, '공산주의자들의 팽창주의'는 거대한 세력을 이루어 어느 시대, 어느 장소에서나 활약하고 있다는 것이 통념이다. 그러나 특수한 시대와 장소를 염두에 두고 역사적으로 고찰하면 공산주의 세력이 팽창에 성공한 것은 단지 제2차 세계대전 이후의 유럽과 극동에서다. 1960년대의 카스트로(Fidel Castro)[16]의 쿠

16) 쿠바의 군인이자 정치가, 공산주의
혁명가다. 1959년부터 1976년까지 쿠
바의 총리를 지내고, 1976년부터는 국
가평의회 의장을 지내다가 2008년 동생
라울 카스트로에게 의장직을 승계하고
2선으로 물러났다. 1965년 쿠바를 일당
사회주의 공화국으로 만들었다. 그는 세
계에서 가장 오래 집권한 지도자로 기네
스북에 올랐다.
17) 국가의 영토 확장을 지향하는 이념
이나 정책. 확장주의 또는 신장주의라고
도 불린다. 보통 군사적 공격성을 띠며,
대내적으로는 국가주의를 강조하고 대
외적으로는 침략 정책을 지향한다.

바나 소련이 아프리카와 중동에서 시도를 해 본 것을 제외하면 아직도 공산주의 세력은 이 정도의 범위를 벗어나지 못하고 있다.

이처럼 특수화해서 살펴보면 공산주의의 성공은 사람들의 통념보다 어느 정도 그 위력이 떨어진다고 볼 수 있으며, '팽창주의'[17] 와 같은 추상적인 '주의'에 대해 신비로움을 느끼는 대신 특수한 시대와 장소에서 특수한 이유를 찾는 설명 방식을 취하게 된다.

이와 같은 예를 통해 알 수 있듯이, 역사학이 다루는 독특성은 인간사의 근본적인 특징이기에 다른 사회과학 분야가 이런 독특성을 무시하게 되면 위험에 빠지고 만다.

역사에서
시간의 의미

　역사학을 인간사를 다루는 다른 모든 연구와 구분시켜 주
는 것은 역사학이 시간—사건들의 전후관계, 인과관계—에 대
해 갖는 근본적인 관심이다. 역사학은 인간의 모든 활동을 특정
한 시대와 시간의 흐름에 따른 사건들의 연속관계라는 맥락에
서 살핀다. 따라서 역사학은 다른 사회과학 분야 이상으로 사회
에서 일어나는 사건들의 변화(또는 변동), 반복, 연속성 내지 발전
에 관심을 갖는다.

　이 시간에 대한 관점은 특수한 상황과 사건들이 지니는 독특
한 성격에 대해 역사학이 갖는 관심을 분명하게 보여 주는 것이
다. 어느 하루는 다른 날과 완전히 똑같을 수 없다. 사회에 대한
모든 특수한 사실이나 일반적 사실은 그 특수한 시간 배경에서
이해되어야 한다. 어떤 사실에 대한 의미나 결론은 그 날짜(시간)
에 의존할 뿐만 아니라 사실들에 대한 일반화는 시간의 흐름에
따른 변화를 인식하는 것이어야 한다. 이 점은 과거의 어느 시점
에서 타당한 만큼 현재의 시점에서도 타당하다.

다른 사회과학 분야와 마찬가지로 역사 연구에서도 최근의 사건들을 중요시하는 경향이 나타난다. 현대에 보다 가까운 시기들에 많은 과목이 배정되어 있고, 개별적인 역사 과목들에 대한 시간 배정이 다른 것이 이를 말해 준다. 여기에는 그럴 만한 이유들이 있다.

우선, 최근의 사건들은 현재와 현재가 당면한 문제들에 보다 가깝고, 미래에 영향을 주는 결정에 보다 직접적인 관련을 갖기 때문이다. 가장 최근의 사건들은 살아 있는 사람들이 직접 경험하거나 보게 되는 사건들로, 이것이 최근의 사건들을 연구하려는 하나의 자극제가 되는 셈이다.

최근의 사건들은 역사학자로 하여금 보다 세심한 주의를 기울이게 한다. 그것은 최근의 사건들에 관해 판단을 내리고 일반화를 시도하는 것이 쉽지 않기 때문이다. 우리 시대의 복잡한 양상을 대하고 있는 우리는 어떤 발전의 양상이 앞으로 중요한 결과를 가져오고 또 어떤 발전 양상은 그렇지 못할 것인지를 판단하기가 결코 쉽지 않다.

역사학자들에게는 20세기 후반기 세계적 사건들의 만화경을 요약하기보다 중세 전반의 역사적 의미를 요약하는 것이 보다 쉬운 일이다. 더욱이 가장 최근의 사건들은 처음으로 역사적 연구의 대상이 되고 있는 이유로 이 자료들을 조직하고 해석하여 진행되어 온 사건들에 대한 납득될 만한 최초의 설명을 시도해야 하는 어려운 과제가 요구된다.

최초의 사건들에 주의를 기울여야 하는 또 하나의 이유는 최근에 이르러 사회의 복잡성이 엄청나게 증대했다는 점에 있다. 근대의 인구 폭발로 인해 대부분 국가의 규모는 크게 확대되었다. 금세기는 문서 기록(written records)이 역사학을 가능케 함으로써 인간생활의 최대의 변동성을 확인할 수 있다. 또한 기술적인 진보는 그것과 함께 역사적 의미를 지니는 수많은 연구 과정에서 역사학자들이 탐구해야 할 문서의 양을 폭발적으로 증가하게 했다.

마지막으로, 지구촌 전체에 미치는 커뮤니케이션의 확대와 정치적, 경제적 관계의 확대는 문자 그대로 세계사의 통일이라고 할 수 있는 현상을 초래했다. 서양의 초기 역사연구가들 대부분이 그랬던 것과는 달리 현대사는 유럽이나 미국에 국한될 수가 없다. 오늘날은 세계의 모든 지역이 중요한 사건의 흐름에 관계되어 있기 때문이다.

이제 서양인들은 세계의 다른 지역에서 일어난 최근의 사건들을 알아야 할 뿐만 아니라, 과거에는 무시되었던 지역의 역사가 오늘날은 어떻게 모든 사람의 현재에 영향을 미치고 있는지를 이해하기 위해 낯선 문명들의 과거까지도 되돌아보아야 하는 상황에 놓여 있다.

오늘날의 보다 넓은 세계의 관점에서는 서양의 과거 역사까

지도 다른 모습을 띠게 되었다. 곧 서양의 과거 역사는 민족적인 자문화 중심주의라기보다 침략과 축소의 무용담으로 인식되기 시작한 것이다.

역사란
인간사에 대한
통합적 연구다

과거에 존재하는 모든 것이 역사이고, 우리가 알고 있는 모든 것은 이미 과거에 속하고 있으므로 모든 지식은 이런 의미에서 역사적이다. 이미 살펴보았듯이, 가장 넓은 의미에서의 역사학은 다른 모든 사회과학 분야의 주제를 포함한다. 인문학과 자연과학의 활동도 역사학자에게는 자료가 된다. 왜냐하면 그것이 인간의 문화적인, 상상적인, 과학적인 업적에 대한 과거의 기록을 보여주기 때문이다.

역사학은 우리의 정치 경험뿐만이 아니라, 사회경제적, 문화적 생활의 배경과 뿌리까지 추적한다. 과거의 모든 측면을 다루는 역사학은 문명의 특수한 발전 방향을 각 시기의 독특한 역사적 맥락과 관련해 설명하는 것을 목적으로 삼는다. 역사학이 과학에 접근하려 한다면, 이는 과거의 잘못과 현재의 옳음을 비교하기 위해서가 아니라, 각 세대의 노력과 실험으로부터 과학적 개념들이 어떻게 형성되어 나왔는지를 설명하기 위해서이고, 특정한 과학의 방향이 특정 시대와 장소에서의 정치적, 경제적, 혹은 종교적 관심들에 의해 어떻게 촉진되거나 방해받았는지를 보여 주기 위해서다.

우리는 생활의 어느 한 측면도 그 사회적 배경으로부터 완전히 고립시켜 취급할 수가 없기 때문에 역사 연구는 상호관계성에 대한 인식을 높여 주는 역할을 한다. 역사학자들은 특정 시대에서는 개별적인 요인들이 보다 중요성을 지닐 수가 있다는 점은 인정하지만 단일요인 설명(one-factor explanations)을 거부한다. 다른 사회과학 분야의 일반화된 통찰에서 도움을 받는 역사학은 시간 안에서 발생하는 독특하고 자연적인 성격을 지닌 사건들의 흐름을 인식해 인간 경험을 포괄적으로 이해하려고 노력한다.

역사학은 인간 생활에 대한 모든 연구의 쐐기돌이다. 역사학은 사회과학과 인문학과는 달리 인문활동의 특수한 한 측면을 다루는 것이 아니고, 인간 활동의 모든 측면을 그들이 갖는 복잡한 상호관련성을 바탕으로 하여 다룬다. 역사학은 특수한 역사적 개인들의 현실성을 조종하며, 이들의 행동과 그에 따른 결과들을 대중의 일반화된 운동 못지않게 이해하려고 노력한다.

다른 연구 분야들이 인간 사회를 정치적, 경제적, 사회적, 종교적, 지적, 예술적으로 인위적이지만 필요한 만큼 구분해 놓으면 역사학은 우리 인간을 이해하는 데 있어 통일성을 회복시켜 주는 역할을 한다. 역사학은 전체적이고 포괄적인 성격을 지닐 뿐만 아니라 개체와 특수에 대해 이렇듯 폭넓은 시야를 갖기 때문에 사회과학으로 간주되면서도 아울러 인문학의 한 분과로 인식되게 되는 것이다.

언제나 이와 같은 고상한 목표에 부응해 왔던 것은 아니지만, 역사학은 다른 모든 지식의 영역과 이들의 다양한 접근을 모아서 종합하는 것을 이상으로 삼아야 한다. 오로지 역사학만이 인간 생활에서의 동기와 원인, 기회와 환경의 현실적이고 복잡한 상호 작용의 관계를 이해할 수 있는 만큼 그것은 넓은 컴퍼스를 갖추고 있다. 선과 악, 희극과 비극이 어떻게 인간 삶의 드라마를 구성하는지를 보여 주는 궁극적인 과제가 바로 역사학자에게 주어져 있는 것이다.

역사는 모든 것을, 미래까지도 가르쳐 준다.

- 라마르틴

4

역사 연구의 방법

어느 사회나 역사가 중요하다는

사실을 인정한다. 그래서 각 나라는 교육제도를 통해 학생들에게 일정 시기 역사를 공부하도록 요구하고 있다. 미국 대학 중에는 교육 과정에 1년 과정의 유럽사 내지 미국사 연구를 필수로 하는 곳이 많다. 그 이유는 우리가 앞의 여러 장에서 살펴본 바와 같다. 과거에 대한 성숙한 연구는 현재의 세계를 이해하고 다른 많은 학문을 보다 완전하게 이해하는 데 매우 긴요하다.

역사는 교육과정에서 배워야 할 필수과목에 속한다. 그러므로 문제는 어떻게 그것을 배우고 연구하느냐 하는 것이다. 공부(배움)는 관심(또는 흥미)에 의존하고 관심은 주어진 주제(혹은 과목)의 의미, 실제적 응용, 또는 그것에 내재한 자극성을 어떻게 파악하느냐에 달려 있다. 역사를 대하는 학생들의 경험이 이런 모든 요소를 결여한 채 너무나 무의미한 사실들에 치우치는 경우가 비일비재한 것은 유감스런 일이 아닐 수 없다. 우리가 지금까지 논의해 온 목적들에 맞도록 역사과목이 가르쳐지고 교육되는 경우 이런 현상은 나타나지 않을 것이다. 즉, 인간의 과거와 현재 그리고 미래를 이해하고, 자신의 정신적 역량을 계발하고, 탐구와 발견의 순수한 희열을 맛보게 되는 것이다.

이러한 목적을 지향하지 않고 단지 그 자체를 위해서 강요되는 공부는 화이트헤드(Alfred North Whitehead)가 '진부한 관념(inert ideas)'이라고 단죄한 것을 전달해 주는 데 그치는 것에 불과하다. 이런 식의 공부는 진정한 교육의 의미를 무너뜨리는 정신적 짐이 될 뿐이다.

올바른 공부법은
보다 빠르고 정확하게
역사적 사고의 길로 안내한다

대부분의 역사 공부는 공식적 학교교육과 대학과정에서 시작하고 끝을 맺게 된다. 그러나 대개 이 역사 공부는 지겨운 시달림으로 끝나 버리고 만다. 도대체 과정(course)이란 무엇을 말하는 것일까?

중요한 한 주제에 관해 읽고 듣고 이야기할 것을 조직화한 프로그램을 가리켜 과정이라고 한다. 이와 같은 형식적 과정을 통해 역사에 접근하는 이유는 분명하다. 주제를 조직적으로 구성하고, 자료를 소화하기 위해 매주 그것을 물고 늘어지는 연습을 시키고, 가르치는 선생을 통해 학생들이 이해하지 못한 점이나 의문에 대해 설명케 하려는 것이다.

아마도 대부분의 대학의 역사 연구 과정이 인쇄술이 발명되기 이전 선생이 학생들에게 자기가 갖고 있는 책을 효과적으로 받아쓰게 했던 중세의 유물이었던 것이 분명해 보이는 강의식에 주로 의존하는 이유가 무엇인지를 묻고 싶은 학생도 있을 것이다.

그러나 중세식 강의와는 달리 학생들에게 요구한 읽고 쓰는 과제물을 보충해 주는 근대식 강의는 교수가 가르치는 주제에 대해 폭넓은 패턴을 밝혀 주고 원인과 결과 및 의미에 대해 설명해 줌으로써 인쇄된 텍스트에 대해 많은 것을 부연해 줄 수 있는 장점이 있다.

더욱이 관념들을 개인이 직접 전달해 주면 특별한 교육적인 효과가 있다. 훌륭한 강사는 가르치는 주제의 극적인 효과를 높여 줄 수 있으며, 자신이 쓴 가장 훌륭한 글보다 더 많은 인상을 학생들에게 심어 줄 수 있다.

강의를 듣는 학생은 강의를 이해하는 것이 목적임을 잊지 말아야 한다. 강의를 하는 교수가 읽어 주는 자질구레한 내용까지 그대로 기록하려고 애쓰지 말고, 교수의 개인적인 해석을 기록하려고 주의를 기울이며 주요한 사상이 무엇인지를 파악하도록 해야 한다. 강의가 끝나는 즉시 기록한 노트를 검토하여 강의한 내용을 보다 분명하게 되새기고, 미처 기록하지 못하고 빠트린 내용이 있으면 보완하고, 앞으로 공부하고 참고해야 할 요점들을 요약하여 기록해 두는 것이 좋다.

독서 과제물은 학생들에게 기본적인 사실들을 익히게 하고 이를 뒷받침해 주는 자세한 점들을 알게 해 주려고 하는 데 목적이 있다. 다음 부분에서 다시 설명하겠지만, 학생들은 책을 읽는 노예가 되어 책에 있는 모든 내용을 빠짐없이 기록하고 암기할 필요가 없다. 읽는 내용을 거르고 선택하고 검토하면서 머릿속에 종합해 놓아야 한다. 한 절이나 장을 모두 읽은 후에 노트 정리를 하는 것이 가장 바람직하다. 만일 학생 본인의 책이라면 가장자리에 메모를 해 두는 것이 좋다. 학생들이 읽은 내용을 스스로 분석하고 요약할 실력을 갖추지 못했을 경우에는 연구록(workbooks)이나 연구지침서들을 참조하는 것이 도움이 된다.

그러나 사실상 이런 것들은 학생들이 궁극적으로 치워 버려야 할 버팀목일 뿐이다.

토론 분반—10명에서 30명 정도의 학생들로 이루어지는 집단으로서 큰 강의 클래스는 대개 일주일 혹은 그 이상의 기간 동안 한 번씩 이렇게 나눠진다—은 흔히 실효를 거두지 못하는 경우가 많다. 토론 분반은 역사에 대해서 이야기하는 좋은 기회로, 학생들이 지식과 개념을 소화하고 주어진 주제를 새로운 안목에서 탐구할 수 있는 가장 효과적 방법 중의 하나다. 학생들이 이 토론 분반을 통해 무엇인가를 얻으려면 이를 심문 과정으로 생각하지 말고 하나의 기회로 생각해야 한다.

만약 교수가 계속 질문을 퍼붓는다면 그것은 학생들이 스스로 이야기를 꺼내지 못하고 있기 때문임이 분명하다. 학생들은 질문과 생각들을 미리 준비해 이 분반 모임에 참석하도록 하라. 교수는 이를 환영할 것이다. 학생들 자신의 의견을 개진하는 것을 두려워하지 말고 실수하거나 비판받을 것을 두려워하지 말라.

학생들에게 토론을 하게 하는 목적 가운데 하나는 학생들이 잘못 생각하고 있는 것을 알아내어 교수가 이를 바로잡아 주려는 데 있기 때문이다.

역사 연구 과정에서의 이 같은 토론은 학생들과 교수 사이가 서로 주고받는 형태가 되어야지 교수와 일대일의 대화 속에서 한 학생씩 복송(復誦)하는 것이 되어서는 안 된다. 따라서 학생들은 동료 학생과 시선을 마주 대하면서 이들에게 직접 이야기해야 한다. 토론이 성과를 거두려면, 학생들이 일제히 교수를 향해 열을 서는 수업식보다 원형으로 자리를 잡는 편이 훨씬 도움이 된다.

교실에서의 토론에 참가해 이야기하는 것은 발음과 명석한 표현을 훈련하는 더없이 좋은 기회가 될 수 있다. 어떤 상황에서도 효과적인 구두 전달을 위해서는 발음과 명석한 표현이 기본적으로 필요하다. 학생들은 반 학생들에게 말을 시키고 토론에 참여하도록 하고 싶을 때 이런 요소들이 얼마나 중요한지를 분명히 느끼게 될 것이다. 학생들은 자신이 이야기할 때 동료학생들이 무슨 말인지를 알아들을 수 있도록 크게 그리고 명확하게 말하지 않는다는 사실을 흔히 발견하게 될 것이다. 그런가 하면 또 어떤 학생들은 이 대화가 오로지 선생을 위해 한 학생이 복송하는 것인 줄로 알고 아무 말도 없이 멍하니 뒷짐을 지고 앉아 있을 가능성도 있다.

역사에 관심을 가진 학생을 위해 적어도 대학 수준에서의 형식적인 한 과정이라도 올바르게 시작되어야 한다. 훌륭한 과정은 놀라운 학습경험이 된다. 눈, 귀, 입, 펜 모두가 사고에 이르는 통로가 되며, 이 모두가 역사적 지식과 이해를 추구하게 된다.

역사 공부의 진정한 목적은 이해하고 사고하는 능력을 키우는 것이다

역사학 과정을 밟는 목적은 백과사전적인 사실적 지식을 얻는 데 있는 것이 아니라 이해하는 데 있으며, 역사적으로 사고하는 능력을 키우는 데 있다. 역사는 지식과 원리를 단계적으로 암기해 나가는 무미건조한 연속과정인 수학이나 외국어 공부와 같은 방식으로 가르치거나 배울 수 없다.

앞의 여러 장에서도 밝혔듯이, 역사 연구는 창조적으로 사고하고, 정보를 조직하고, 의미 있는 관념들을 발견하고 이해할 수 있도록 사실들을 이용하는 능력을 습득하는 것을 뜻한다.

사실들을 기계적으로 학습하는 것을 강조하는 관례가 생긴 이유 중의 하나는 바로 시험제도에 기인한다. 학생들의 성적은 정확하게 평가할 필요가 있는 것이 사실이다. 수백 명의 학생을 거느린 교수들, 혹은 수천 명의 학생을 거느린 대학학사위원회 시험관들은 답안지를 평가하는 신속하고도 '객관적인' 방식을 필요로 한다. 그래서 이들은 잘못하면 무의미한 사실을 강조할 위험성이 있는 정오(正誤)형 문제나 다지선다형 문제를 출제하게 된다. 시험으로 학생들이 알고 있거나 알아야 할 지식을 모두 다룰 수 없기 때문에, 시험은 표본추출조사식이 되어 결국 무작위로 추출된 문제들이 학생들이 축적하고 있는 사실적 지식을 시험하게 되는 것이다.

이 경우 학생들에게는 실제로 어떤 문제가 추출될 것인지를 예측하는 일이 중요한 관심사가 되고, 이에 따라 학생들은 시험 출제관들의 출제 성향을 파악하려고 애쓴다.

불행한 일이지만 일부 교수들은 이에 맞서 가장 애매하고 예상치 못한 문제들을 출제하여 학생들을 골탕 먹이려고 하기도 한다. 이렇게 되면 가르치는 과정 전체가 손상을 입게 된다. 교수들은 학생들에게 무엇을 왜 알아야 하는지를 가르쳐 주는 대신 학생들의 능력을 능가하여 그들을 오리무중 상태에 빠트리는 결과를 얻게 될 뿐이기 때문이다.

학생들은 정오형 문제나 '확인' 문제로 나올 가능성이 있는 상호관련성도 없는 모든 세부적인 사실을 머리에 쑤셔 넣듯 암기해야 한다. 학생들은 이렇게 외운 것을 시험 때에 다시 토해낸 후 점수를 따게 되며(대개 점수는 기계적으로 매겨진다), 때로는 어떤 문제를 왜 틀렸는지조차 알지 못하는 경우도 있다. 사실 학생들은 이에 대해 신경을 쓰지 않는 경우가 많다. 이런 상황에서 학생들의 건강에 가장 이로운 방법은 학생들이 머릿속에 채워 넣은 엄청난 지식의 축적물을 가능한 한 빨리 지워 버리고 역사학

과정을 밟으면서 배웠던 무의미한 내용들을 모조리 잊어버리는 것이다.

지금까지 말한 내용은 대부분의 대학에서의 역사학 교수방식을 희화해서 말한 것이다. 그러나 이런 경향이 대학에서 흔히 보이기 때문에 문제 삼을 수밖에 없는 실정이다.

진정한 배움은 암기를 통해 이루어지는 것이 아니라 관심과 이해를 통해 이루어진다는 사실을 아무리 강조해도 지나침이 없을 것이다. 암기 위주의 교육이 행해지면 학생들의 공부에 대한 관심(흥미)은 사라지고, 학문에 대한 이해도 불가능해진다. 반면, 관심과 이해력을 올바로 키우면 암기는 저절로 이루어지게 된다. 요컨대 학생들은 의미도 모르면서 어떤 사실을 단지 암기만 해서는 안 된다. 그 의미를 이해하게 되면 사실을 잊어버릴래야 잊어버릴 수가 없게 된다.

만약 그렇다면, 도대체 역사학이 사실적인 내용을 자세하게 다루어야 하는 이유가 어디에 있는 것일까? 이에 대해서는 "세부적인 내용이 없는 사건이나 관념들은 죽은 것이고 무의미한 것이다"라는 것이 그 대답이다.

예를 들면, 남북전쟁에서 행해진 전투들을 취미 삼아 자세하게 연구하는 남북전쟁에 상당한 관심을 가진 사람을 생각해 보라. 이 경우 남북전쟁이란 주제에 대한 관심이 세부적인 사실들에 흥미를 갖게 해 준 것이고, 또 이 세부적인 사실들을 알게 됨으로써 이 주제가 흥미롭게 되는 것이다.

이와 마찬가지로 학생들은 개별적인 사실들을 암기하기 위해서가 아니라 구체적인 인격을 가진 인간을 발견하기 위해—예를 들면 나폴레옹이나 링컨의 생애에 대한—자세한 사실들을 알려고 노력해야 한다. 세부적인 사실을 이해를 목적으로 읽거나 개관해야 하며, 교과서에 들어 있다고 기계적으로 암기해서는 안 된다.

모든 중요한 역사적 사실—이를테면 무월(霧月)[18] 18일의 나폴레옹의 권력 장악—은 두 방향에서 학생 자신들의 이해와 결합되지 않으면 안 된다. 중요한 역사적 사실은 위로는 보다 넓은 패턴 혹은 경향—나폴레옹의 권력 장악의 경우에는 민족주의적 독재에 이르는 프랑스 혁명과 프랑스 혁명의 여러 단계들—에 대한 이해와 연결되어야 한다. 또 아래로는 이 중요한 역사적 사실은 구체적이면서 세부적인 역사적 사실들에 대한 지식으로 보충되어야 한다.

이를테면 나폴레옹 보나파르트가 쿠데타를 준비하는 동안 그의 동생 뤼시앵 보나파르트가 오백인회(the council of Five Hundred)[19]를 꼼짝 못하게 한 사실은 추상적인 이 사건(나폴레옹이 권력을 장악한 사건)을 하

18) 프랑스 대혁명 당시 국민공회가 새롭게 제정한 혁명력 가운데 두 번째 달인 '안개의 달'.

〈아우스터리츠 전투, 1805년 12월 2일〉

1805년 12월 2일 나폴레옹 1세가 오스트리아와 러시아의 동맹군을 격파한 아우스터리츠 전투를 묘사한 그림. 프랑수아 파스칼 시몽 제라르 남작(Francois Pascal Simon Gerard baron), 1808년, 베르사유 트리아농 궁 소장

에이브러햄 링컨
(Abraham Lincoln)

1864년 10월 1일자 〈하퍼스 위클리(Haper's Weekly)〉지에 실린 일러스트. 에이브러햄 링컨, 군인, 선원이 성조기를 둘러싸고 있는 모습을 묘사했다.

19) 프랑스 혁명 후반기 총재정부는 행정부 5인, 하원 오백인회, 상원 원로원으로 구성되어 있었다. 당시 총재정부는 반대파인 왕당파와 공화파를 군대의 힘을 빌려 제압, 정권을 유지하고 있었다. 이러한 상황에서 이집트 원정에 올랐다 돌아온 나폴레옹은 총재정부를 타도하고 권력을 장악할 계획을 세우고 1799년 11월 10일 브뤼메르 쿠데타에 성공했다. 생클루 공원의 오백인회 회의장을 기병대로 포위하고 의원들을 압박했는데, 의원들이 저항하자 무력으로 의원들을 내쫓고 통령정부 수립안을 통과시켰다. 다음 날 새 헌법 전문을 나폴레옹 본인이 직접 작성했으며, 제1통령이 되어 통령정부(3인 행정부)를 수립했다. 그는 1802년에는 종신통령이 되었으며, 1804년 황제에 즉위했다.

20) 성직자, 귀족, 평민 출신 의원으로 구성된 프랑스의 신분제 의회. 1302년 교황 보니파키우스 8세에 대항하던 필리프 4세를 지원하기 위해 결성되었고, 1614년 귀족들의 특권 확장을 위해 열린 이후로 170년간 한 번도 열리지 않다가, 1789년 루이 16세에 의해 다시 열렸다. 당시 프랑스 왕실은 심각한 재정 위기에 시달리고 있었는데, 삼부회를 열어서 새로운 세금을 부과함으로써 위기를 타파하려는 의도였다. 그러나 토의 과정에서 분규가 일어나 프랑스 혁명이 발발하고 삼부회는 종식되었다.

나의 기억에 남을 만한 생생한 사건이 되게 했다. 1860년 링컨의 대통령 당선의 경우도 이와 마찬가지로 한 경향(노예제도를 둘러싼 지역간의 투쟁)의 절정으로, 몇 가지 중요한 세부적인 사건들(링컨이 노예제도를 반대하여 행한 연설들, 민주당의 분열, 남부 주들에서의 링컨의 승리를 재촉했던 남부 분리의 단행)을 포함하는 진술로 이해되어야 한다.

가르치는 교수나 배우는 학생은 역사적 정보의 몇 가지 유형들을 구분하는 법을 터득해야 한다.

우선, 학생들의 머릿속에 넣어 두고 필요할 때 써먹을 수 있도록 준비해 둬야 할 주요한 사실들, 예를 들면 주요한 인물과 사건, 제도, 운동, 개념 등이 있다. 최소한 프랑스 혁명, 로베스피에르, 삼부회(Estates General)[20], 인권과 같은 사실들을 거론하지 않고서 어떻게 유럽 근대사에 대해서 이야기할 수 있겠는가?

이보다 덜 중요하긴 하지만 교육받은 사람이라면 누구나 갖춰야 할 어휘나 정신적 장비의 일부가 되는 보다 구체적인 사실들—개인, 사건, 지명—이 있다. 학생들은 필요할 때 이런 사실들을 파악할 수 있어야 한다. 초보 학생들에게는 어떠한 세부적인 사실들은 왜 배워둬야 할 만큼 중요한지를 분명히 깨닫도록 가르칠 필요가 있다.

다른 한편으로 대학에서 1~2년 정도 역사학을 공부한 학생들이라면 어떤 세부적인 사실들이 기억해야 할 필요가 있는지, 또 어떤 세부적 사실들은 독서를 할 때 배경지식으로 도움이 되므로 알아 둘 필요가 있는지를 스스로의 힘으로 판단하는 법을 배워야 한다.

마지막으로 학생들은 한 주제의 윤곽을 이해하는 법에 대해 가르침을 받거나 스스로 배워야 한다. 학생들은 역사학의 개념의 틀을 사용하는 법을 배워야 한다. 또 시기와 장소, 측면들에 따른 인간 경험의 다양성과 분류를 인식해야 하며, 다양한 모든 사회 제도와 운동(movement)을 인식해야 한다.

이런 실력을 갖추게 될 때 학생들은 기본적인 것이긴 하지만 이차적인 단계인 사실적 지식의 습득이라는 혼란의 과정에서 벗어나 역사 연구의 진정한 목적, 즉 역사적으로 사고하는 능력과 인간의 역사적 성격에 대한 이해력에 다가서게 된다.

사실을
역사화하는
과정

　지금까지 우리는 사실은 사실에 불과하며, 그것이 다른 수많
은 역사적 정보와 함께 쌓여 의미 있는 하나의 패턴이나 일반
화를 형성하는 일종의 역사적 정보의 단단한 원자와 같은 것으
로 인식했다. 그러나 사실상 사실과 일반화 사이에는 선명한 경
계선이 있는 것이 아니다. 모든 일상적인 역사적 사실은 따지
고 보면 공간과 시간 그리고 내용을 한 묶음으로 갖고 있는 일
반화들(generalizations)이다. 학생들은 '로베스피에르(Maximilion de
Robespierre)[21]의 정체가 무엇
인가'라는 질문을 받는다. 로
베스피에르는 하나의 사실인
가? 아니면 그의 이름은 그
의 개인적인 생활과 기요틴[22]
의 공적인 경력에 관한 수많
은 사실에 대한 일반화를 말
해 주는 것인가? 무수히 많은

21) 1758~1794. 프랑스 혁명기의 정
치가로, 가장 급진적이고 과격했던 국민
공회를 주도한 독재적인 인물. 그는 극
단적인 공포정치를 주장해 그의 이름은
곧 '공포정치'의 대명사가 되었다. 1793
년 6월 독재 체제를 수립하여 공포정치
를 행하였으나, 1794년 테르미도르의
쿠데타로 타도되어 처형되었다.

〈로베스피에르 초상화〉

공포정치의 대명사로 불리는 로베스피에르의 초상화.
작자 미상, 1790, 카르나발레 박물관(Carnavalet
Museum) 소장, 파리

단편적인 정보를 묶어 인간의
사고를 통해 단순한 관념들로
바꾸는 일반화 과정이 없다면
역사에 대한 사고는 전혀 불
가능하게 될 것이다.

22) 프랑스 혁명 때 의사 기요탱이 발
명한 사형 집행 기구. 단두대를 말한다.
프랑스 혁명 시기 공포정치 시대에 많은
사람이 이것으로 처형되어 공포정치의
상징물이 되었다. 루이 16세, 마리 앙투
아네트 왕비, 공포정치를 단행했던 로베
스피에르 등이 이것에 의해 처형되었다.

역사학을 배우는 것은 곧
일반화를 배우는 것과 같다.
즉, 일반화를 어떻게 구성하고 이해하고 기억하며, 또 어떻게 그
것을 사용해 새로운 관념과 일반화에 도달하는지에 대해 배우는
것이다. 일반화와 사실은 동반자 관계에 놓여야 한다. 일반화는
사실에 적합성을 부여하고, 사실은 일반화에 생명력을 부여하기
때문이다. 학생들의 머리가 단순한 사실들로 꽉 차게 되면 나무
는 보되 숲은 볼 수가 없다. 반면, 학생들이 일반화만을 알고 있
을 경우 숲은 보되 나무는 볼 수가 없다.

일반화가 반드시 막연한 것일 필요는 없다. 일반화는 명확하
고 의미 있는 것일 수도 있고, 불명확하고 의미 없는 것일 수도
있다. 예를 들면, 학생들이 흔히 쓰는 표현으로 프랑스 혁명 전야
에 "백성은 자신들의 부당한 조건을 불만으로 여겼다"는 진술은
막연하다. "중산 계급과 농민층은 귀족층의 특권에 분개했다"는
진술은 앞의 진술과 똑같이 간략하고 일반적인 진술이긴 하지만
그보다는 훨씬 더 의미 있는 진술이라 할 수 있다.

역사적 일반화는 매우 제한된 일반화로부터 상당히 광범위한 일반화에 이르기까지 다양하다. 제한된 일반화(limited generalizations)는 역사적 관찰의 세부사항들을 조직해 우리가 흔히 '사실'—예를 들면 공안위원회의 구성, 공포정치, 테르미도르 9일의 쿠데타[23]—로 인식하는 것으로 만들어 준다. 광범한 일반화(broad generalizations)는 역사의 큰 흐름들과 원동력들을 작성하는 일을 한다. 이 광범한 일반화는 '민주주의의 발생'이나 '서양 문명'과 같은 단순한 관념일 수도 있고, 마르크스의 계급투쟁 이론이나 파레토의 엘리트 순환이론(theory of the circulation of elites)[24]과 같이 아주 복잡한 관념일 수도 있다. 이 사이에는 개인과 장소 그리고 사건들을 '제3신분', '프랑스 혁명의 경제적 원인들', '반 성직주의(anticlericalism)', '대공포(the Great Fear)[25]'와 같은 해석적 관념들로 정리하는 일반화가

23) 프랑스 혁명기인 1794년 7월 27일(혁명력 제2년 테르미도르 9일)에 일어난 쿠데타. 이로 인해 로베스피에르 파가 몰락하고 공안위원회의 독재가 해체되어 공포정치가 종결되었다.

24) 파레토는 사회를 엘리트·귀족·속인의 세 계층으로 나누고, 이 세 계층은 끊임없이 교류되어야 한다고 주장한다. 만일 속인 계층에서 태어난 유능한 사람이 엘리트 계층으로 올라가는 '엘리트의 순환'이 자유롭게 이루어지지 못하는 경우, 엘리트 계층에는 자질이 모자라는 사람들이 누적되고 속인 계층에는 유능한 사람들이 쌓이게 되어 사회의 균형은 깨지고 사회질서가 파괴될 수 있다고 지적했다.

25) 프랑스 혁명 초기인 1789년 7~8월 농촌에 널리 퍼졌던 사회불안 현상을 말한다.

있다.

중간적 일반화(intermediate generalizations)가 제한된 일반화나 광범한 일반화보다 실질적으로 역사 연구에 보다 많은 의미를 부여한다. 중간적 일반화는 역사적 이해를 쌓아올리는 진정한 벽돌이다. 이 같은 중간적 일반화가 결여되는 경우 조그만 점들은 의미를 잃고 배울 수가 없게 되며, 넓은 점들은 근거를 잃고 적용할 수가 없게 된다. 중간적 일반화는 과거의 기록을 의미 있고 믿을 만한 개념들로 조형하기 위해 사실과 상상을 결합하는, 즉 역사학자들의 작업의 핵심을 이룬다.

사실 일반화를 구성하는 작업은 끝이 없다. 그것은 일반화를 구성하는 작업이 마치 예술과 같이 상상력에 의존하고 주관적인 성격을 지니기 때문이다. 역사학자들은 과거를 조직하고 설명하기 위해 일반화를 설정하는 과정에서 어쩔 수 없이 자기가 살고 있는 시대와 자신의 관점에 의해 영향을 받게 된다. 후대의 역사학자들도 이와 마찬가지로 어쩔 수 없이 과거를 다르게 이해하게 되고 이에 따라 자신들의 일반화를 수정하게 된다.

예를 들면, 18세기의 반성직주의에 물든 역사학자들은 르네상스를 암흑기가 지난 후의 학문의 빛이 진정으로 재생된 것으로 묘사했다. 그러나 후대의 역사학자들은 이와 달리 고중세 시대(the High Middle Ages)의 찬란한 문화가 꽃핀 지 오랜 후에 단순히 종교적 관심에서 세속적 관심으로 강조하는 바가 변화된 것이 곧 르네상스였다고 주장했다. 불행하게도 미국의 고등학생들은 아직도 르네상스에 대한 18세기적 일반화를 믿은 채 대학에 입학하고 있다.

일반화와 비슷하기는 하지만 일반화보다 더 추상적인 성격을 지니는 것이 개념(concept)이다. 역사 연구를 의미 있게 하기 위해서는 개념이 필수적으로 요구된다. 개념이란 세부사항들을 설명하려고 하는 광범하면서도 논리적 지향성을 갖는 일반화라고 정의내릴 수 있다. 이를 테면 '계몽주의'[26]란 개념은 18세기의 프랑스인들이 무엇을 쓰고, 무엇을 생각했는지를 설명하기 위한 것이고, '계급투쟁'이란 개념은 19세기의 프랑스인들이 각기 서로 갈라져 싸운 이유를 설명하기 위한 것이다.

개념적 사고(thinking in terms of concepts)[27]는 역사를 연구하는 데 필수적일 뿐만 아니라 높은 수준의 판단력과 책임을 요하는 어떤 일에도 필수적이다. 역사학은 이와 같은 유의 정신적 재능을 계발하기 위한 논리적 훈련장임에도 불구하고 학생들로 하

[26] 16~18세기에 유럽 전역에 일어난 구습의 사상을 타파하려던 혁신적 사상운동. 이성의 힘으로 구시대의 정신적 권위와 사상적 특권과 제도를 개혁하여 인간 생활의 진보와 개선을 꾀하는 데 목적을 두었다. 17세기의 합리주의와 로크의 철학 및 정치사상, 자연법, 그리고 뉴턴의 기계론적 우주관이 사상적 기반이 되었다.
[27] 구체적 현상과 경험을 분석하고 이해하는 과정과 개념적으로 현상을 바라보고 실제현실과 실천을 통해 개념을 재구성하는 사고과정을 말한다.

여금 개념적으로 사고하는 법을 배우게 하는 데 도움이 될 만한 글이 아직까지 많지 않다. 개념적으로 사고하는 문제는 간접적으로밖에 다루어지지 않았다. 역사적 개념이 무엇인지를 직접적으로 설명하려고 시도한 몇 안 되는 책 가운데 칼 구스터프슨(Carl Gustafson)이 쓴《역사의 서문(A Preface to History)》이 있다. 이 책은 재미를 선사하지만 신중하게 쓰인 책이다.

개념을 배우는 데에도 물론 함정들이 있다. 개념이란 역사학자의 상상력의 산물이기 때문에 항상 의문과 수정의 대상이 되어야 한다. 개념은 사실적 지식이 뒷받침되지 않으면 안 된다. 진정한 개념적 사고는 초등학교나 중등학교에서 말하는 이른바 미숙한 '개념' 교육과 혼동되어서는 안 된다. 초등학교나 중등학교에서의 '개념' 교육(instruction in 'Concepts')은 너무나 무미건조한 것으로, 별 내용도 없는 말들을 가르치는 교육이 대부분이다. 교수나 학생 모두 개념은 추상이며 개념을 무조건 암기하는 것은 단편적인 사항들을 암기하는 것만큼이나 무익하다는 사실을 인식해야 한다.

개념을 다룰 줄 알고 세부사항들과의 관계 속에서 개념을 파악할 줄 아는 능력은 사람마다 천차만별이다. 이와 같은 능력은 어떤 다른 요인보다 학생들의 역사학 연구 과정에서의 학점에 큰 영향을 미친다고 할 수 있다. 개념적 사고는 특수한 재능에 속한다. 개념적 사고는 훈련을 통해 가능하기는 하지만 타고난

능력이 중요하다고 할 수 있다. 또한 개념적 사고는 개인의 성숙도에 의존하는 면도 있어, 대학에서 몇 년 동안 경험을 쌓는 사람이 아니면 개념적 사고를 하기는 쉽지 않다. 따라서 개념의 제시는 학생들의 능력 및 지적인 성장 단계와 보조를 맞추도록 세심한 주의를 기울여야 한다. 일찌감치 너무 많은 개념적 자료를 학생들에게 제시하다가 나중에는 오히려 너무 적은 자료를 제시하는 실수가 흔히 일어나곤 한다.

이와 같은 문제점은 역사학의 기초 과정이 관례적으로 짜이는 데에 연유한다. 개념과 일반화는 짧은 시기 또는 특정한 국가의 역사를 연구하는 때보다 아주 긴 시기의 역사를 연구하는 때에 보다 필요해지는 것은 명확한 사실이다. 고등학교와 대학의 역사학 입문 과정들은 그 대상이 대단히 넓고, 또 개관적인 성격을 띠기 때문에 그 대상의 범위를 개괄적으로 다루면서 세부적인 사항을 이해 가능하고 의미 있는 단위들로 묶기 위해서는 최고의 일반화를 필요로 하게 된다. 그리하여 역설적으로 입문의 역사개관이 개념적으로는 가장 어려운 성격을 띠게 된다.

개별 국가나 시기 또는 문제를 다루는 대학의 보다 높은 역사학 연구과정은 연구 대상의 범위 내에 속하는 현실 생활의 세부보다 훨씬 더 기본적인 수준의 일반화와 개념을 다룰 수 있다. 이런 면에서는 보다 높은 역사학 과정이 학생들에게 오히려 지적인 부담을 가장 적게 주는 셈이다.

그럼, 역사의 개관 과정은 없애 버리거나 또는 대학 상급반 학생들에게 맨 나중에 실시해야 하는 것일까? 전혀 그렇지 않다. 왜냐하면 역사 개관이 제공해 주는 것—맥락을 잡도록 해 주고 보다 높고 보다 전문화된 연구의 적합성을 보여 주는 전체상—은 어떤 분야든 그 초기 단계에서 결정적으로 중요하기 때문이다. 전문화된 연구는 이러한 테두리 내에서 접근되어야 하며, 그렇지 않을 경우 연구는 어떤 의미도 없다.

왜 역사 연구에서
사례연구가
중요할까?

전문화된 역사 연구는 전체적인 틀이 없이는 의미를 잃게 되고, 이 틀은 초보적인 학생들이 숙달하기에는 너무 추상적이고 어려울 수 있다. 그럼, 이를 극복하는 방법은 무엇일까? 답은 이 두 가지 목표를 동시에 추구하든가 혹은 한 가지씩 추구하여 언제나 한편이 다른 한편에 의미를 부여하도록 하는 것이다.

가장 손쉽고 가장 단순한 조감도, 예를 들면 한 과정의 개요나 한 권의 책의 목차를 얻는 것에서부터 시작하라. 그다음 주요한 하위의 지점들을 찾아보라. 예를 들면 전체상에 내용을 부여하는 중간적 일반화가 그것이다. 그리고 기초적인 연대를 가리켜 주는 연대표를 작성하라. 그다음 세부적인 사항들을 조사해 보자. 그렇다고 세부적인 사항들을 다 조사해 보거나 반드시 처음에 나오는 세부사항들부터 조사할 필요는 없고, 전체 범위 가운데서 가장 흥미롭거나 가장 의미 있는 부분과 관계된 세부사항들을 조사해 보는 것이 좋다. 이 세부사항들을 읽어 보라. 이때 외우려 하지 말고 그저 친숙해지기만 하라. 그리고 이 세부사항들을 보다 의미 있는 추상(significant abstractions)과 관련시켜 이해해 보라. 가능한 곳에서는 원인과 결과, 의미에 대한 질문들을 구성해 보고 이런 질문들에 대한 대답에 도움이 될 수 있는 세부사항들을 찾아보라.

역사를 연대적으로 추적하는 데 얽매이기보다는 이런 방식을 통해서 학생들은 주제를 한 층 한 층 점진적으로 잘 연구해 갈 수 있다. 복잡한 층으로 파고들어 감에 따라 학생들이 처음 갖고 출발했던 광범한 일반화와 중간적 일반화는 보다 생명력과 의미를 지니게 될 것이다.

학생들이 프랑스 혁명에 관한 장을 연구하고 있다고 생각해 보라. 이 경우 학생들은 먼저 어떻게 소제목이 이 주제를 시기별로 나누고 있는지를 노트하고 이 소제목들이 강조하고 있는 세력들, 지도자들, 사건들이 무엇인지를 이해하려 할 것이다.

아마도 그 첫 부분은 '제3신분과 헌정혁명(The Third Estate and the Constitutional Revolution)'이라 되어 있을 것이다. 학생들은 곧 이 두 개념을 규정해 주는 세부사항들을 찾게 된다. 이 단계에서는 아직 위기에 관한 논쟁이나 위기의 결과에 대한 보다 자세한 세부사항들을 알려고 씨름하지는 않는다. 학생들은 일반적인 질문들—예를 들면, 헌정의 실험이 실패로 돌아간 이유가 무엇인가 하는 질문—에 대답하는 데 필요한 사항들을 찾게 된다. 헌정의 실험이 실패로 끝난 이유는 미라보(Mirabeau)[28]의 죽음에 있었는가, 아니면 국왕의 성격에 있었는가, 아니면 파리 노동자들의 불만에 있었는가, 아니면 자코뱅파[29]의 선동에 있었는가? 그 대답이 어떤 것이든 간에―역사학자들의 의견은 일치하지 않는다―학생들은 여러 가지 중요한 사실에 스스로 친숙해져 이런 사실들을 의미 있게 여기게 되고 쉽

28) 1749~1791. 프랑스의 정치가이자 웅변가. 프랑스 혁명이 일어나자 제3신분인 평민의 대표로 국민 의회에 나가 그 성립에 중요한 역할을 했고, 삼부회의 지도적 인물로 활약했다.
29) 프랑스 혁명 시기의 과격한 성향을 지녔던 정치단체. 로베스피에르, 당통, 마라를 우두머리로 하여 급진적 공화주의를 주장하며 온건파인 지롱드파와 맞서 공포정치를 실시했다. 1974년 7월 테르미도르의 반동에 의해 타도되었다.

게 잊어버리지 않게 될 것이다.

이 과정에서 학생들은 때때로 그 전체적인 모습을 되돌아보아야 한다. 프랑스 혁명의 단계들은 어떠했으며, 어떻게 하여 한 단계에서 다른 단계로 옮아가게 되었는가? 각 단계의 세력들은 프랑스의 과거사에서 어떻게 하여 나온 것인가? 그 이후의 프랑스 국민의 어떤 장점과 약점이 프랑스 혁명의 각 단계에 영향을 미쳤는가? 학생들이 세부사항들로부터 일반적 개념들로 거슬러 올라가게 되면 일반적 개념들을 새롭고 보다 현실적인 안목으로 이해하게 될 것이다.

이와 같은 개념과 심층연구의 방법을 이용하는 데는 시간과 정력의 제약이 따른다. 대부분의 역사 연구에서 보다 많은 세부

사항과 일반화를 이해하기 위해 연구될 수 있는 작고 구체적인 세부사항은 끝이 없는 법이다. 인간의 역사에 대해서 알려진 세부사항들을 합치면 천문학적인 분량이 되어 방대한 도서관들을 채우고도 남을 정도다. 이와 같은 분량을 다 소화하기란 불가능하며, 그것을 일일이 찾아보는 것 또한 불가능한 일이다.

역사학자들은 특정한 한 국가의 역사 중에서 오직 한 시기만을 연구하고 조사하는 일로 일생을 보낼 수도 있으며, 실제로 그런 예도 많다. 이렇게 보면, 미숙한 대학 1학년생이 1년 과정으로 서양문명의 역사 전반을 공부하면서 위압감을 느끼게 되는 것은 전혀 이상한 일이 아니다.

이 문제에 대해서도 하나의 해답은 있다. 역사학의 주제가 거의 무한정한 깊이에 이르는 세부사항을 기반으로 하고 있는 여러 층의 일반화로 구성되어 있는 것은 사실이지만, 어떤 제한된 시간 내에서 넓거나 좁은 어떤 주제라도 다룰 수가 있다. 가령 5분 이내에 서양문명 전체의 중요한 경향들을 열거할 수도 있으며, 한 학기의 과정을 프랑스 혁명이나 미국의 남북전쟁만을 연구하는 데 할당할 수도 있다. 어떤 계획에 제약이 되는 것은 시간과 관심이며, 이용 가능한 시간 내에 적당한 성과를 거둔 다음에는 연구를 끝마쳐야 한다.

이 말은 대개의 경우 학생들은 주어진 역사적 주제를 상당히 추상적으로 이해하는 정도로 만족해야 한다는 것을 의미한다.

즉, 학생들은 심층에 깔린 보다 구체적이고, 복잡하고, 많은 시간을 요하는 세부적인 수준에까지 파고들어갈 시간을 갖지 못했다는 것이다. 그러나 다른 한편으로 그냥 이 정도에 머물러 있을 경우 학생들은 역사의 진정한 본질에 대한 그릇되고, 너무나 단순화된 시야밖에 갖지 못하게 되고 만다.

이러한 폐단을 바로잡기 위해서는 개관과정이든 전문과정이든 어떤 과정을 택하여 자세하고 심층적인 사례연구(case study)를 하는 것이 바람직하다.

사례 연구의 가치는 학생들에게 역사의 살아 있는 기초적인 세부적 사항들을 경험하게 해 준다는 데 있다. 학생들이 좁은 범위의 주제를 통해서 이 같은 수준까지밖에 공부할 시간을 갖지 못하더라도 상관없다. 조사나 논문 작성이 역사학 연구 과정에도 빼놓을 수 없는 중요한 역할을 하게 되는 것도 바로 이 때문이다.(이와 동일한 이유로, 조사를 위주로 하는 박사학위 논문 작성은 역사학의 전문가를 훈련시키는 데 중요한 지적 투자가 된다).

사례 연구를 위한 조사를 하는 과정에서 학생들은 주어진 한 사건에서 사람들이 실제로 어떻게 처신했는지를 배우게 된다. 학생들은 이런 경험에 비추어 이와 다른 상황들에서는 사람들이 어떻게 행동할지를 가늠하게 되며, 이에 따라 이에 관련된 사람과 장소, 시대와 사회 또는 사회에 대해 전체적으로 조망할 수 있게 된다.

역사적 정보를 다루는
세 가지
원칙

　역사는 아무리 전문화된 과정이라 해도 그것을 통해 단번에 모든 것을 배우거나 이해할 수가 없다. 따라서 역사는 의미 있는 연구가 되기 위해서 조직되고 계획되지 않으면 안 된다. 이는 역사를 연구할 수 있는 자연스런 단위들을 인식하며 한 단위씩, 그리고 이 단위들 간의 관계를 연구할 수 있도록 하는 것을 말한다. 역사적 정보를 조직하는 데는 적어도 세 가지 중요한 절차가 있다. 분류(Classification), 연결(Linkage), 균형(Balance)이 그것이다. 이 모든 절차는 사실들을 한데 모아 의미 있는 단위로 묶어 주는 방식들이며, 주어진 주제에 대해 만족스러울 정도로 이해하려면 이 세 가지 절차가 함께 사용되지 않으면 안 된다.

　분류의 원칙은 역사적 자료(史料)—세부사항과 일반화를 모두 포함한—를 역사 연구의 자연스런 단위들로 구분하는 것을 뜻한다. 역사 연구의 자연스런 단위들이란 인간의 두뇌가 역사적 정보를 소화하고 해석함에 따라 역사적 정보가 저장되는 정리장이다. 역사 연구의 세 가지 차원에 상응하여 세 가지 종류의 분류가 가능하다. 즉, 연대별(chronological), 지리별(geographical), 문제별(topical) 분류가 가능하다.

역사 분류법 중에서 가장 두드러진 유형은 연대별 분류법이다. 시간의 순서에 따라 역사적 정보를 정리하고 역사적 정보를 시기별로 구분하는 분류법을 말한다. 이러한 시간 단위들을 배우는 학생이 역사를 개관적으로 공부하는 학생인가 아니면 전문 분야를 공부하는 학생인가에 따라 긴 시간 단위가 될 수도 있고 짧은 시간 단위가 될 수도 있다. 그러나 중요한 점은 이 시간 단위들(時期를 가리킨다)은 반드시 중요한 사건들과 발전들에 기초하여 구획되어야 한다.

역사학이나 다른 사회과학 분야에 똑같이 타당한 또 하나의 두드러진 분류법은 지리별 분류법이다. 역사적 자료를 그것이 생겨난 문명, 국가, 또는 다른 지역적 단위에 따라 분류하는 분류법이다. 세 번째의 역사적 차원은 역사의 여러 가지 문제들 또는 측면들에 따라 분류되어 나타난다. 정치적, 외교적, 군사적, 사회적, 문화적, 종교적 등등을 말한다. 이러한 구분들은 생활의 한 측면에 관심을 기울이게 하는 점에서도 중요하지만, 나아가 학생들이 복잡한 양상을 이해할 수 있도록 가령 한 짧은 시기의 일국의 역사를 조직화하기 위해서도 중요하다.

이러한 분류의 원칙들이 교수법과 연구에 적용되도록 하는 자연스런 몇 가지 방식들이 있다. 연구 주제의 연대 폭이 아주

길 경우—예를 들면 서양문명사—사용되어야 할 첫 번째 원칙은 연대별 분류법으로, 전체 시기들보다 의미 있고 연구하기에 알맞은 여러 시기를 구분하는 것이 필요하다. 연대 폭이 짧고 그 대신 지리적 범위가 아주 넓을 경우—예를 들면 1918년 이후의 현대세계사—지리별 분류법을 적용해 중요한 각 지역이나 국가의 발전을 분리해 다루는 것이 필요하다.

문제별 접근법은 어느 때나 사용할 수 있다. 그러나 짧은 시기에 걸친 한 국가를 연구하는 경우에서처럼 연구 주제의 연대적 범위와 지리적 범위가 모두 제한된 경우에 사용하는 것이 가장 적당하다. 한 가지 특정 문제 내에서 좀 더 세부적으로 분류하게 될 때는 연대별 분류법을 쓰는 것이 가장 좋은 방법이다. 예를 들면, 18세기 프랑스 지성사에서 잇따른 새로운 사상들을 연구할 때, 19세기 미국 경제를 연구할 때, 20세기 중국에 정치적 국면들을 연구할 때 등이다. 절차의 절대적인 규칙과 같은 것은 존재하지 않는다. 학생들은 연구하는 주제에 대한 스스로의 상(像)을 구성하기 위해 직접 역사의 예술가(an historical artist)가 되어 볼 필요가 있으며, 자신들의 캔버스를 구성하는 데 스스로가 이용할 수 있는 형태와 색깔을 알아 두어야 한다.

역사를 연구하는 데 역사를 분류하는 것은 기본적으로 필요하지만 과거의 복잡한 풍경을 인위적으로 분류해 놓고 적절한 연결점들을 찾아 그것을 다시 결합해 놓지 않을 경우 과거의 상(像)을 왜곡시키는 위험을 초래할 수 있다. 이것은 곧 역사의 여러 가지 자연스러운 부분들인 연대별, 지리별 혹은 문제별 부분들 간의 논리적이고 사실적인 연관성을 인식하는 것을 말한다. 기원과 원인 또는 결과와 의의를 확정짓기 위해 연결 작업은 거슬러 올라가거나 앞으로 나아가는 방향으로 이루어질 수 있다. 연결 작업은 서로 다른 장소의 역사들 간의 병행점이나 상호연결을 확정지으려 할 수도 있고, 같은 시기의 생활의 여러 측면 사이의 병행점이나 상호연결점을 확정지으려 할 수도 있다.

외교와 전쟁은 여러 국가의 일을 아주 명확하게 연결시켜 주는 것이므로 외교사는 지리적으로 쉽게 구분할 수가 없게 된다. 그러나 대개 국가별로 연구되게 마련인 정치사의 경우에도 비교 방법을 사용하게 되면 많은 수확을 거둘 수 있다. 예를 들면, 18세기의 프랑스, 프러시아, 러시아, 영국의 군주정의 유사점과 차이점을 관찰하기 위해서는 그리고 '계몽전제주의(enlightened despotism)'[30]에 대한 어떤 일반화에 도달하기 위해서는 18세기 이들 국가의 군주정을 비교해 볼 필요가 있다. 여러 국가, 사건, 그리고 역사적 여러 측면에 관한 병행적 연대표 작성은 이런 유의 연구에는 상당한 도움을 줄 것이다.

30) 18세기 프랑스의 계몽사상을 전제군주가 실제 정치에 적용하려던 전제정치를 말한다. 프로이센의 프리드리히 2세, 오스트리아의 마리아 테레지아와 요제프 2세, 러시아의 예카테리나 2세의 통치가 그 전형이라 할 수 있다.

분류에 의해 이루어지는 분석과 연결에 의해 이루어지는 종합과 함께 균형의 원칙이 뒤따른다. 균형의 원칙이란 선택된 역사 연구의 범위 내에 속하는 의미 있는 각 영역에 적절한 관심을 배분해야 하는 것을 말한다. 균형의 원칙은 모든 유형의 분류와 연결에 적용된다. 연대적인 면에서 균형의 원칙은 각 시기에 적절한 비중을 둘 것을 요구하며, 비교적 잘 알려져 있기는 하지만 일반화를 꾀하기에는 어려운 최근에 속하는 시기들에 보다 자세한 관심을 기울이도록 유념할 것을 요구한다.

지리적인 면에서 균형의 원칙은 여러 문명, 한 문명 내의 여러 국가, 한 국가 내 각 지방의 역사적 경험의 차이점에 대해 각각 인식할 것을 요구한다. 그러나 무엇보다도 중요한 것은 역사 연구의 여러 측면 사이에 균형을 꾀하여 역사적 접근만이 제공해 줄 수 있는 포괄적인 이해를 가능케 하도록 한다는 것이다.

실제로 19세기 말에 이르는 시기까지 역사학은 거의 정치와 외교에만 관심을 기울였다. 경험의 측면이 무시되었을 뿐만 아니라 이것이 정치적 측면에 미쳤을 영향이 간과되었다. 반면, 오늘날에는 사회사와 민중적 관점에 초점을 두고 '엘리트'의 역사를 간과하는 것이 유행이 되어 정반대의 왜곡현상을 나타낼 위험성에 처해 있다. 그러므로 역사를 공부하는 학생들이 역사의 여러 측면을 이들의 복잡한 상호관계 속에서 균형 있게 파악하는 안목이 필수적으로 요구된다.

역사학자가 문헌을 정확하게 해석한다는 것은

하나의 미덕이기 이전에 신성한 의무다.

- 에드워드 카

5

Chapter

역사에 대한 서술

역사란 무엇인가를

규정하는 데는 두 가지 길이 있다. 역사는 인간의 과거에 일어났던 모든 것을 의미하는 것으로 규정할 수도 있고, 보다 구체적으로는 역사는 과거에 대해 쓰인 기록과 이 기록에 대해 역사학자들이 가한 해석으로 이해될 수도 있다. 실제로 역사에 대해 알려진 거의 모든 것은 기록에 의존한다. 그 밖에 고고학에서 얻어지는 보조적인 지식과 신빙성은 없지만 민간에 전승되는 이야기가 역사에 대한 지식을 보완해 주는 정도다.

과거에 대한 기록이란 점에서 역사는 문학의 한 형태

라 할 수 있다. 따라서 역사 연구는 영어 연구와 주제 면에서 뿐만 아니라 방법 면에서도 대단히 유사한 문학적 대상이다. 이상적으로 말하자면, 모든 역사학 과정에는 문학예술의 한 형태로서 역사서를 읽는 경험과 함께 명확한 사고를 훈련하는 한 방식으로 설명적인 서술을 시도하는 내용이 포함되어야 한다. 현대를 살아가는 우리에게도 사고력과 이해력을 훈련하는 기본적인 방식으로 독서법과 서술법은 여전히 유효하다. 또한 이것은 문명이 지속하는 한 교육의 기초로서 존속하게 될 것이다.

역사적 자료의
종류

역사 서술도 역사학 자체만큼이나 광대하고 다양한 주제에 속한다. 문명이 생긴 이래 어느 시대, 어느 사회나 역사를 서술해 왔다. 그래서 그 양과 복잡성은 날로 증대되고 있다. 최근에 이르러 여러 종류의 역사 서술의 도움을 받아야 할 여러 가지 목적들이 나타났다.

역사 서술은 무엇보다도 사건들 자체의 일부를 기록한 소산이다. 직접적인 자료가 역사학의 일차사료(primary sources)다. 예를 들면 지도자들의 저술과 발언, 왕의 비문, 목격자들의 기록, 참여자들의 편지, 일기, 회고록, 진행되고 있는 사태를 즉각적으로 알기를 바라는 독자들을 위해 기자들이 보낸 발신기사가 이에 해당한다.

그다음으로 연대기나 연보의 형태로 이 기록을 편찬하고 체계화하는 노력이 뒤따르며, 그다음에는 사건들이 어떻게 그리고 왜 발생했는지를 알아내기 위해 일차사료에 대해 심층적으로 조사연구한 것을 토대로 책이나 논문이 발간된다. 여러 권으로 된

방대한 설화적 역사서(이 같은 설화적 역사서는 19세기에 유행했으나 20세기에는 몇 가지 예외를 제외하면 돈과 노력이 엄청나게 소요된다)와 함께 이런 책들과 논문들이 이차사료(secondary sources)가 된다.

마지막으로 특별히 참고용이나 교육용으로 쓰인 저술들이 있다. 예를 들면 백과사전에 실린 글들, 편람, 교과서 등이다. 이런 유의 저술들은 과거의 기록에서 뽑아내 이용자가 분명하고 간편하게(지나치게 단순화되는 흠이 있더라도) 이해하도록 과거상을 보여주는 데 그 목적이 있다. 이런 유의 저술들은 삼차 사료에 속한다.

이런 저술들이 권위를 갖는 것은 아니다. 그러나 학생들이 만일 조사연구에서 나온 몇 가지 이차적인 사료에 속하는 저술들을 읽지 않고, 또 자신들이 선택한 관심 분야의 일차사료에 조금이라도 접촉하지 않을 경우 역사가 어떻게 전개되었는지를 제대로 이해할 수가 없게 된다.

학생들의 서술 작업에 관한 한 이와 다른 형태들과 목적들이 설정되어 있다. 서술 작업은 사고력의 훈련이 된다. 즉, 서술 작업은 정보를 조직화하고, 세부사항들을 일반화와 연결시키고, 관념들을 묶어 논리화하거나 해석하는 훈련이 된다는 것이다. 가장 일반적인 서술형태는 논술식 시험에서의 답안 작성이다. 논술식 시험에서 학생들은 주어진 한 문제에 관해 자신들이 기억하고 있는 것을 보여 주기 위해서 뿐만 아니라, 어떤 사실들이 타당성을 갖는지를 판단하는 자신들의 실력과 이들 사실들을 적절하게 정리하는 실력을 보여 줄 수 있을 만큼 길게 서술하지 않으면 안 된다.

서평은 전문적인 저술가들과 역사학자들 사이에 의사소통을 하는 기본적인 수단이 될 뿐만 아니라 또 하나의 일반적인 교육적 수단이 되기도 한다. 학생들에게 서평을 요구하는 것은 학생들로 하여금 역사적 조사나 역사 해석으로 이루어진 저술에 관심을 갖게 하고, 또 이 저술에 대한 학생들의 이해력을 시험하려는 데 그 목적이 있다.

이보다 더욱 중요한 것은 리포트나 연구논문이라 일컫는 과제물이다. 학생들은 이런 과제물을 통해 일차사료와 이차사료를 모두 사용해 역사 연구를 직접 시도해 보는 과정에서 사실의 탐구, 조심스런 조직화, 반성적인 해석을 가하는 기술을 발전시킬 수 있게 된다.

의미를 보다
효과적으로 전달하는
서술의 기술

말하기와 쓰기의 중요한 차이점 중의 하나는 글로 쓸 때에는 관념과 정보를 말로 할 때보다 훨씬 더 폭넓고 복합적으로 조직할 수 있다는 점이다. 매스미디어에서의 경우를 포함하여 말은 시간의 제약을 받게 되며, 따라서 돌이킬 수 없는 말의 흐름에서 이야기하고 이해될 수 있는 복잡성에도 한계가 따르게 된다. 커뮤니케이션 과정에 참여하는 쌍방이 마음대로 속도를 조절할 수 있는 서술과 독서는 훨씬 더 많은 사고력과 분석적 반성이 요구된다.

아마도 이런 이유 때문에 서술하는 일이 말하는 일보다 대체로 힘겨운 과제처럼 보이고, 지적인 능력을 키우는 훈련에는 긴 논문을 써 보는 것이 중요하다. 그러나 역사 서술 작업은 학생들이 역사적 설화를 조직하는 방식을 알고 있을 때에만 제대로 이루어질 수 있다.

역사 서술의 기본 원칙은 논리적 틀을 잡는 데 있다. 요점이 있으면 그 하위에 속하는 요점들을 차례로 구성하여 앞장에서 기술한 일반화와 세부사항 사이의 위계적 관계를 반영할 수 있도록 해야 한다. 이를 위해서는 각 세부사항과 하나하나의 관념을 보다 넓고, 납득할 만한 명제로 통합해야 한다. 이러한 폭넓은 관념들의 계층구조는 한 장 혹은 한 개의 논문 혹은 한 권의 책 전체의 의미를 요약하는 중심 논리를 구성하게 된다.

우리에게 익숙한 문법의 단위들은 의미 있는 사고의 구조를 형성하는 개개의 벽돌과 같다. 일정한 관념, 사실 또는 일련의 세부사항들을 전달하는 문장은 다른 문장과 결합해 한 패러그라프를 구성하게 된다. 패러그라프(paragraph)란 어떤 한 가지점을 관련성이 있는 몇 가지 측면이나 세부사항들을 언급해 좀더 길게 서술하는 것을 가리킨다. 한 패러그라프는 반드시 정합성(coherence, 무모순성)을 갖추어야 한다. 이 정합성은 요점을 서술하고 세부사항들을 묶는 고리를 제공하는 '총괄적 문장(topic sentence: 총괄적 문장은 대개 한 패러그라프의 처음에 나온다)에 의해 이루어진다. 예를 들면, 이 책의 저자가 쓴 이 패러그라프의 경우, 중요한 요점은 첫 문장(문법적 단위들은 벽돌이 된다고 말한)에서 서술되었으며, 그다음의 문장들은 어떻게 문장 단위들이 결합해 한 패러그라프를 구성하게 되는지를 밝힘으로써 이 중요 요점을 부연해 서술한 셈이 된다.

보다 범위를 넓혀 생각해 보면, 이 패러그라프들이 모여서 보다 확대된 논의, 또는 저술의 한 절을 이루며, 이 절(節, section)에는 때로(바로 이 책에서와 같이) 제목이 붙여지기도 한다. 이 절은 다시 다른 절과 모여 장(章, chapter)을 이루게 되며, 장은 또 다른 장과 함께 모여 한 권의 책을 구성하게 된다. 그러나 총괄적 문장의 원칙은 책 전편을 통해 엄수되어, 세부사항과 관념들이 제시되는 목적을 항상 확인시켜 주어야 한다.

한 절은 서론적인 패러그라프와 결론적인 패러그라프를 지니든지, 그렇지 않으면 독자에게 읽는 내용이 무엇인지를 알려주고 그런 후 방금 읽은 내용의 의미를 되새기도록 해 주는 의도의 말로 시작하고 끝을 맺어야 한다. 하나의 저술이나 저술의 한 부분은 그것이 적절한 서론에 해당하는 절과 결론에 해당하는 절을 지니게 될 때 언제나 그 내용이 보다 분명해지게 된다.

무엇보다도 하나의 서술문장은 의미 있는 방식으로 일부를 이루고 있는 설명과 연결되어야 한다는 점을 염두에 두어야 한다. 회화나 저널리즘의 경우를 예외로 하면, 한 문장 자체가 한 패러그라프를 구성하는 예는 거의 없다. 한 문장은 어떤 일반적인 관념과 연결되어야 한다. 패러그라프와 논리적인 관계를 지니지 않고서 설명이 삽입될 수 없다. 저술의 나머지 부분과 분명한 관련성이 없는 절이나 장은 생략하는 것이 좋다. 이런 절이나 장은 학생들의 조직력이나 사고의 흐름을 교란시킬 뿐이기 때문이다.

이와 같은 서술조직상의 요점들, 즉 세부사항들을 중요한 점에 종속시키는 일, 적절한 서론과 결론을 첨부하는 일, 한 패러그 라프와 다음 패러그라프 그리고 한 절과 다음 절을 반드시 논리 적으로 연결시키는 일을 명심하면서 역사적 설명을 준비하는 역 사서술가는 역사서술에서 가장 많이 나타나는 함정에 빠지지 않 도록 주의를 기울여야 한다. 그것은 바로 숲과 나무라는 해묵은 문제다. 역사서술가가 조직화되지 않은 세부사항들에 빠져 전체 적인 요점을 이해하지 못하는 경우도 있고, 이보다 흔히 나타나 는 경우는 아니지만 역사서술가가 일반적인 것에 압도되어 설명 에 구체적인 역사적 의미를 부여해 주는 세부사항들을 드러내지 못하는 경우도 있다.

아직까지 역사적 설화(historical narrative)가 조직될 수 있는 구 체적인 종류에 대해서는 이야기하지 않았다. 일반적으로 이는 우리가 앞의 장들에서 사용한 역사적 경험의 분류법—연대별, 지리별, 문제별 분류법—에 따르게 된다. 대개의 경우 역사적 설 화는 연대적으로 조직되며, 그 여러 절들은 중요한 사건들에 의 해 짜이게 된다.(이 절들은 월별, 연도별, 세기별과 같은 달력의 단위를 기초로 해 짜여서는 안 된다. 이런 식으로 짜인 절은 연대기는 될 수 있으나 역사는 될 수 없으며, 사건들의 의미를 명확히 드러내기보다 흐리게 하기 때문이다.)

때로는 서술가가 하나의 이야기(설화)를 역행하여 사건들의 흐름을 다른 하나의 장소(지리적 차원) 또는 다른 하나의 측면(문제적 차원)에 옮겨다 놓는 것도 아주 바람직한 일이다. 앞서 제2장에서 말했던 것처럼 전체 시간 폭이 짧은 경우, 처음부터 지리별 구분법이나 문제별 구분법에 따라 작업하는 것이 훨씬 유리하다. 아무튼 서술가가 서술하려는 주제에 가장 알맞게 구성하려면 연대별, 지리별, 혹은 문제별로 절을 짤 것인지, 아니면 이것을 어떻게 적절히 결합해 절을 짤 것인지에 대해 고민해야 한다.

여기에는 정해진 확고한 규칙은 없다. 넓은 범위의 자료를 조직하는 일을 하는 역사학자는 예술가의 직관력을 갖고 작업을 해야 하며, 이런 점에서 역사학자의 노력은 개인적인 예술작업이 된다.

표현과
개념의
함정

역사의 예술성은 훌륭한 조직과 해석에 필요한 직관에서만 나타나는 것이 아니고 오히려 한 설화를 언어적으로 표현하는 데서 더 많이 나타난다. 역사학은 문학의 한 형식이며, 그 내용과 결론을 전개하기 위해 단어를 정확하고 유효적절하게 선택하는 데 의존하는 학문이다. 따라서 학생들에게 주어진 일차적 과제는 일반 어휘와 역사학의 전문 술어에 숙달함으로써 그것을 필요한 목적에 효과적으로 이용할 수 있도록 하는 것이다.

서술을 할 때 좋은 방법과 나쁜 방법이 있다. 어떤 하나의 문제를 훌륭하게 잡기는 했으나 그것을 미처 파악하지는 못했다는 느낌을 주도록 글을 쓰는 수가 있다. 예를 들면 '1789년에 한 혁명이 프랑스에서 시작되었다'라는 식으로 서술하지 말라. 이런 표현은 글을 읽는 독자들의 지성을 모독하는 것이며, 나아가서는 학생들 자신의 지성에 대해서도 의문을 품게 만든다. 학생들은 독자들에게 자신이 알고 있는 지식을 부드럽게 상기시켜 주고, 독자들 자신의 지식도 확인시켜 주는 식의 표현법을 사용하도록 노력해야 한다. 따라서 '프랑스 혁명이 1789년에 시작되었을 때 중산계급은 정치권력을 획득하기 시작했다'고 표현하는 것이 좋다. 학생들은 여기서 '전면에 나서게 되었다'는 표현을 쓰지 않았다는 점에 유의하기 바란다. 이런 식의 표현은 피해야 할 매우 진부한 표현에 속한다.

그러나 이보다 더 주의해야 할 문제는 서술자가 사용한 단어의 의미를 전적으로 잘못 이해하거나 단어를 잘못 사용하는 경우다.

문법보다 논리에 속하는 문제로, 자동사가 피동적인 의미를 가지는 것으로 사용되는 경우가 있다. 일례로 끝내다, 완성시키다는 뜻으로 '드디어…되다(culminate)'는 자동사를 사용하거나, 감소시키다(reduce)는 뜻으로 '감소되다(dwindle)'는 자동사를 사용하는 경우를 보아왔다. 이러한 문제는 아마도 학생들이 이런 단어들을 읽을 때 그 정확한 의미에 주의를 기울이지 않기 때문에 생기는 듯싶다. 이를 시정하기 위해서는 읽고 쓰고 듣고 말할 때에 단어의 의미를 항상 주의 깊게 살펴 언어의 감각을 높이도록 노력해야 한다.

단어 사용의 잘못과 함께 표현의 애매성이 고질적인 문제가 된다. '기요틴(guillotine)은 정치적 안녕을 유지하기 위한 한 방편이었다'고 어느 한 학생이 쓴 것을 본 적이 있다. 표현의 애매성이나 단어의 어색함은 학생들의 잘못이라기보다 가르치는 교수의 잘못일 수도 있다. 이야기하고 있는 내용을 학생들이 미처 제대로 이해하기도 전에 학생들을 너무 추상적인 데로 몰아가려고 하는 교수에게 그 책임이 있을 수도 있다는 말이다. 학생들은 자신이 다루고 있는 역사에서 진행되고 있는 내용들을 구체적으로 이해할 수 있는 시간도 갖지 못한 채 '안정시키다' '발전시키다' 와 같은 아주 일반적인 용어들을 사용해야 할 부담을 느끼게 된다. 학생들은 흔히 자신들의 무지를 위장하는 데 일반적인 서술들을 사용하는 것이 편리하다는 사실을 알게 된다.(이런 식의 서술은 좋게 말하면 '허세'다.) 또 혁명 전의 러시아에 관해 '정치적 상황은 기울어졌다'라고 쓴 학생이 있었다. 그 학생에게 무슨 뜻으로 그런 표현을 썼는지 물었지만, 그는 대답을 하지 못했다.

하나의 서술 문장에서 그것을 늘리지 않으면서도 그 의미를 크게 강화하는 구체적인 말로 대체할 수 있다. 예를 들면, '대다수 국민은 정부를 지지하기를 거부했다'라든가 '권력은 더욱 무능한 대신들 손에 쥐여졌다'라고 표현하는 것이다.

서술과 관련된 문제들과는 별도로 역사 서술에서 문제가 되는 또 하나의 영역이 있다. 이것은 주제 자체에 대한 서술자의 전반적 이해도와 관련되기 때문에 극복하기가 보다 힘이 든다. 역사적 술어들과 개념들을 오해하거나 잘못 사용하는 문제가 바로 그것이다. 예를 들면, '봉건주의'라는 말은 그 의미 그대로 분권화된 세습적 통치체제(decentralized system of hereditary government)를 묘사하기 위해 사용되지 않고, 지주와 농민이 있는 모든 사회를 묘사하는 데 사용된다. 또 18세기 잉글랜드 정부는 매우 제한된 과두층(Oligarchy, 소수의 엘리트 집단)만을 대변했을 뿐 전혀 민주적인 성격을 띠지 않았음에도 불구하고 '민주주의'라는 말을 18세기의 잉글랜드 정부에 사용한다.

한편 우리가 앞서 지적했던 '르네상스'라는 말은 '고중세 시대'에 문명의 큰 발전을 이룩한 후에 문화의 스타일이 생기를 얻고 변화된 것으로 이해되는 것과는 달리 문자 그대로 '암흑시대'[30] 후의 '재생'으로 이해된다. 이러한 문제는 흔히 고등학교에서 배우게 되는 애매하고 통속적인 오해를 분석하지 못하는 데서 생긴다.

과거를 이해하는 데 현재가 영향을 미치게 되는 것은 항상 생기는 문제점이다. 사실 역사학자들도 이런 문제점을 극복하지 못할 때가 많기 때문에 초심자들이 이런 실수를 범하는 것은 이해할 만한 일이다. 초심자들은 오늘날의 가치 기준과 동기 가정(assumptions of motivation)을 갖고 과거를 이해하지 않을 수 없다. 초심자들은 일반적으로 경제적 동기들과 양적인 성취도를 찾는다. 그래서

30) 고대 로마 몰락 후 학문과 예술의 부흥이 일어나는 15세기경 사이의 중세 시대를 말한다. 오늘날 이 말은 잘 사용되지 않으나, 로마 붕괴 후 600년 동안의 역사적 증거가 불충분하다 하여 특수한 의미에서 암흑시대라고 부른다.

민족주의를 경제적 이익 추구의 노력으로 해석하려 한다. 이들은 농노의 신분 속박을 어느 면으로든 '효율성'에 입각했던 것으로 가정한다. 그러나 이런 실수보다도 경제적 잠재력, 사회구조 또는 커뮤니케이션과 같은 현재와 동일한 조건들이 과거에도 지배적이었다고 상상하는 것은 더욱 용납하기 어려운 실수다.

그러나 이런 모든 실수는 자연스럽게 일어나는 일로, 가르치는 교수들로 하여금 학생들이 사고하는 경향을 파악하여 이들의 지평을 넓혀 주고, 이들에게 인간경험의 다양성과 가능성을 새롭게 인식시켜 주는 계기를 마련해 준다.

'사람들은……라고 생각했다'는 표현과 같은 미숙한 표현들을 바로잡아 주고, 학생들의 실력으로 미칠 수 있는 수준까지 학생들의 사고력을 훈련시켜 주어야 할 책임이 교수에게 있다. 물론 이것은 한편으로 학생들에게서 발견되는 상당히 흥미로운 표현을 빼앗는 일일 수도 있다.

역사도
하나의 문학이다

　역사는 사실상 읽히기 위해 쓰인다. 역사는 그 말의 온전한 의미에서 문학의 한 형태라 할 수 있다. 따라서 역사는 문학적 비평의 기준들에 종속하게 된다―역사서술은 훌륭할 수도 있고 그렇지 못할 수도 있다. 독자는 이를 쉽게 판단할 수 있다. 역사에는 경험에 대한 상상적 이해와 독자에게 그것을 전달하는 과정이 포함된다. 역사는 소설의 기술과 밀접한 관계에 있다. 그것은 역사나 소설이나 모두 이야기를 전달하고 있기 때문이다. 역사와 소설의 중요한 차이점은 사실과 인물들을 상상적으로 재구성하는 양의 차이에 있다. 역사는 드라마다. 역사는 인간의 경험 중 가장 드라마틱한 것에 속하며, 문자 그대로 연극적인 의미에서 가장 위대한 드라마를 산출하는 자극제가 되는 경우도 많다.

　역사의 문학적 우수성은 역사서술의 구체적인 종류에 따라 크게 달라진다. 직접 학생들을 상대하여 이들에게 알아야 할 내용을 전달하는 역사 교과서들은 조악한 문체와 단조로운 접근법으로 악명이 높다. 전문화된 조사연구에서 직접적으로 얻어지는 기사나 전공논문들은 특정 분야에서의 새로운 연구의 결과를 알아야 할 필요가 있는 전문가들을 제외한 다른 사람들에게는 지루하고 재미가 없는 경우가 많다.

대개 가장 훌륭한 역사적 서술은 이 양자의 중간에 속하는 것에서 발견된다. 말하자면 특정한 의미 있는 주제를 택하여 일어난 사건을 서술한 책에서 발견된다. 이와 같은 책은 역사적 사실에 흥미를 더해 준다. 예를 들면, 가렛 매팅리(Garrett Mathingly)[31]의 《무적함대(The Armada)》, 조르주 르페브르(George Lefebvre)[32]의 《프랑스 혁명(The Coming of the French Revolution)》, 미국 남북전쟁을 다룬 브루스 캐턴(Bruce Catton)의 삼부작과 같은 책들이 그러하다.

이런 유의 역사적 서술이 일반 독자층에게까지 흥미를 불러일으키고, 논픽션 분야의 베스트셀러 목록에 낄 수 있는 역사적 저술이다. 학생들이 이런 유의 책(많은 경우 비전문적인 역사가에 의해 쓰인)을 접하게 되면 즐거운 비명을 지르게 된다. 예를 들면, 알란 불록(Alan Bullock)[33]의 《히틀러(Hitler)》를 독서과제물로 받았던 1학년 학급은 다음과 같이 보고했다. 이 책은 '개성' 있으며, '무미건조하지 않으며', '사실의 산더미같은 것이 아니며', '주인공의 생생한 모습을 볼 수 있었으며', 어떤 '생각'을 갖게 해 주었다고 말이다.

그 비결은 이런 유의 저술은 묘사적이고 설명적인 세부사항을 적절히 활용하면서 주제를 전개시키고 학문적인 분위기를 풍기지 않으면서 생명력과 개성으로 흥미를 불러일으키려는 목적하에 설화에 의미를 덧붙이기 때문이다.

역사 저술의 특수한 종류로 참여자들이 직접 쓴 역사, 회고록, 전기와 같은 장르가 있다. 트로츠키(Trotsky)[34]의 《러시아 혁명사(History of the Russian Revolution)》나 존 F. 케네디 행정부에 관해 쓴 아서 슐레진저(Arthur Schlesinger Jr.)의 《천 일(Thousand Days)》과 같은 저술들은 참여자들의 이야기라는 점에서 흥미롭고 확실한 점이 있다. 그러나 이런 저술들은 아전인수격이 될 가능성이 있으며, 더욱이 저자의 특정한 관찰 기회에 의

31) 1900~1962. 영국 옥스퍼드 대학 역사학교수를 지냈고, 16~17세기 유럽 정치사 분야의 독보적인 역사학자다. 1940년 세계대전에 참전했는데, 그때 《무적함대(The Armada)》를 구상했고, 정확한 사료 연구에 기반하여 이 책을 통해 에스파냐 무적함대와 영국의 전쟁을 이념전이라는 새로운 관점으로 재해석했다.

32) 1874~1959. 20세기 프랑스 혁명사 연구를 주도한 프랑스의 대표적인 역사가. 그는 프랑스 혁명 직전 발생했던 '대공포'와 그것이 혁명에 끼쳤던 영향에 대해서 연구하고 구체적으로 밝혀냈다.

33) 1914~2004. 영국의 역사학자. 1952년 히틀러의 전기 《Hitler: A Study in Tyranny》를 발표했다. 그는 제2차 세계대전은 히틀러와 스탈린이라는 독특한 인물들이 없었더라면 일어나지 않았으리라고 말하기도 했다.

34) 1879~1940. 소비에트 연방의 정치가, 사상가, 노동운동가. 볼셰비키 혁명가이며 마르크스주의 이론가로, 그의 사상을 따로 일러 트로츠키주의라고 한다. 10월혁명에서 레닌과 함께 볼셰비키 당의 지도자 중 하나로 소비에트 연방을 건설했다. 초대 소비에트 연방의 외무부 장관을 맡았으며 붉은 군대의 창립자다.

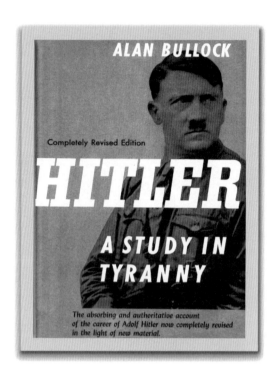

《히틀러(Hitler)》

역사학자이자 전기작가인 알란 불록(Alan Bullock)의 히틀러에 관한 전기.

해 왜곡될 소지마저 크다. 반면, 회고록이나 그 비슷한 유―예를 들면, 헨리 키신저(Henry Kissinger)의 《백악관 시절(White House years)》―는 핵심적인 한 인물의 사건들이 왜 그와 같은 과정으로 전개되었는지에 대한 이유를 이해하는 데 귀중한 자료가 될 수 있다.

목적이 다름에 따라 역사서술의 종류가 다르듯이―또 반드시 달라야 한다―목적이 다르면 독서법도 그에 따라 달라져야 한다. 소설을 읽는 것과 철학서적이나 과학서적을 조심스럽게 읽어나가는 것과는 큰 차이가 있으며, 서류나 신문을 읽는 법과 낯선 문명에 관해서 쓴 기초적인 역사서를 읽는 법과는 같을 수가 없을 것이다.

정독의 다섯 가지 수준을 구별할 수가 있다. 그 중간점은 학생들이 소설류나 《무적함대》와 같은 역사물을 읽을 경우처럼 이야기 줄거리를 따라가면서 읽는 보통 속도의 독서법이다. 독자들이 이 책을 그렇게 읽어 주기를 바라지만, 어떤 주장이나 논증을 따라가기 위해서는 보다 조심스러운 정독법이 필요하다. 가장 정독이 요구되는 때는 교과서를 공부하여 그 기본 내용을 배워야 할 경우다. 이때는 노트를 한다든가, 다시 읽어 본다든가, 되새김질을 해 볼 필요가 있다. 이와 방향을 달리하여 그 내용과 접근법에 관한 인상을 쉽게 얻을 수 있도록 하기 위해 한 대목이나 심지어 한 권 전체를 대강 읽을 수도 있다.

많은 논픽션의 경우, 학생들은 이런 방법으로도 보다 적은 시간을 투자해 조심스러운 독서를 할 때만큼 읽은 것을 파악하고 결과를 얻을 수 있다.

끝으로 대충 훑어보는 독서법(skimming)이 있다. 이는 한 문서나 책을 뒤져 가면서 독서자가 찾고 싶어 하는 특수한 내용들을 발견하고자 하는 신속한 조사법이다. 이 방법은 특히 역사 조사연구자들이 방대한 양의 자료를 감별해 가면서 주제와 관련이 있는 내용들을 골라내야 하는 역사 조사연구에 필요하다.

역사학을 가르치는 중요한 목적 가운데 하나는 특정 주제와 자료에 알맞은 독서법을 활용한다는 의미에서 학생들에게 독서하는 법을 가르쳐 주는 데 있다. 닥치는 대로 다 읽으려 하거나 책 전체를 몽땅 배우려고 하는 생각을 버려야 한다. 책은 하나의 도구에 불과한 것이므로 책을 읽는 사람은 책의 노예가 되어서는 안 된다. 책의 한 부분을 읽지 않고 버려둔다고 해서 잘못된 것은 아니다. 일반적으로 책에는 한 사람이 감당해 낼 수 없을 만큼 많은 내용이 쓰여 있다. 따라서 학생들은 읽어야 할 자료와 함께 제대로 읽는 법을 배워야 한다. 이런 방식을 통해서만이 학생들은 비로소 과거에 대해 쓰인 기록인 역사를 참으로 이해하고 즐기는 길을 스스로 찾을 수 있게 된다.

학생들 자신의 교육적 발전에 중요한 역할을 했던 어떠한 책이라도—그것이 교재이든 아니든 간에—학생들 개인의 영구적인 소장품이 되어 학생들의 발전과 진보의 구체적인 기록으로 간직할 수 있도록 해야 한다. 학생들은 능력이 미치는 한에서 많은 책을 사고 보관하라. 아울러 염가본(paperback)으로 살 수 있는 기회를 최대한 이용하라. 학생들이 일단 한 권의 책을 자신의 것으로 만들게 되면 그 책을 반복해 편리하게 이용할 수 있다. 더욱이 책에 표시도 하고 주를 달 수도 있다는 것을 깨닫게 되면 싼 가격으로 많은 지식을 얻을 수 있는 책의 가치를 충분히 알게 될 것이다. 그렇다고 책에다 온통 밑줄을 그어놓으라는 말이 아니다. 책의 여백에 노트를 해 두고 장의 말미에 그 내용을 요약해 두면, 어떤 노트보다도 학생들이 읽고 생각했던 것을 되새기는 데 도움이 될 것이다.

그리고 학생들은 개인의 훌륭한 도서관을 꾸밀 장기적인 계획을 세우라. 이것은 교육받은 사람임을 입증하는 가장 확실한 표시이기도 하다.

미디어의 발달이
역사에 가져온
변화와 영향

　매스미디어의 도래가 현대 사회생활은 물론 학문에도 혁명적인 영향을 미쳤다는 점은 말할 필요도 없을 것이다. 매스 커뮤니케이션 이론가인 마셜 매클루언(Marshall Mcluhan)[35]은 이 같은 영향을 '미디어는 메시지다(The medium is the message)'라는 말로 요약했다. 매클루언에 따르면, 우리는 오늘날 각기 구두에 의한 사상의 표현과 글에 의한 사상의 표현으로 특징지어졌던 과거의 두 시대를 이은 탈(脫)활자 문화(a post print culture) 시대에 살고 있다.

　라디오, 텔레비전, 영화를 위해 만들어지는 관념들과 정보는 서적 출판에서는 느껴 보지 못했던 여러 가지 제약을 받게 된다. 첫째, 라디오, 텔레비전, 영화는 대중의 시청자를 확보해야 하고 따라서 관심과 이해력 면에서 최저의 공통분모를 찾는 경향을 띠지 않을 수 없는 대규모적이고 값비싼 미디어다. 이들 미디어는 쉽게 시청자들의 관심을 끌기는 하지만, 시청자들은 독서의 경우에 요구되는 보다 적극적인 노력을 기울이기보다 수동적으로 받아들이는 입장에 놓인다. 게다가 이런 미디어들은 말과 화면의 직선적인 시간의 흐름(linear time-flow)에 의존함으로써 이 장에서 말하기와 글로 쓰는 법을 구별할 때 지적했던 관념들을 보다 복잡하게 조직할 수 있는 가능성을 배제한다. 이들 매스미디어의 경우 시청자들은 주제를 선택할 여지가 거의 없고, 주어진 메시지를 재검토하거나 반성해 볼 수 있는 기회를 전혀 갖지 못한다.

이러한 매스미디어의 시대에는 역사가 만들어지는 방식조차도 변화를 겪게 되었다. 관념들은 단순화될 뿐만 아니라 신속하게 전달된다. 사건들은 가속화되고, 카리스마적인 인물들은 텔레비전에 의해 실제적으로 혁명을 이끌 수 있게 된다. 쿠바의 카스트로와 이란의 호메이니[36]가 그 좋은 예다. 이와 동시에 현대의 공적인 단체와 사적인 단체들에서의 자료의 축적과 특히 사진복사물의 축적은 사소

35) 1911~1980. 캐나다의 미디어 이론가이자 문화비평가. 캐나다의 대표적인 학자 중 한 사람으로, 사후 30여 년이 지난 지금까지도 가장 영향력 있는 미디어 이론가로 평가받는다. 토론토 학파의 중심인물인 그는 1964년 《미디어의 이해》라는 저서를 통해 '미디어는 메시지다', '미디어는 인간의 확장'이라는 미디어의 핵심을 통찰하는 개념을 제시했다. 1967년에는 미디어가 인간의 촉각을 자극할 것이라고 주장하는 《미디어는 마사지다》를 출간했다.

36) 1902~1989. 이란의 종교가이자 정치가. 《비밀의 폭로》라는 책을 저술하는 등 왕정을 부정하는 활동을 전개했다. 1950년대 후반 시아파의 최고지도자가 되었다. 1978년 이란 혁명을 주도했고, 이란이슬람공화국을 성립시키고 통치했다.

한 자료들이 넘쳐나게 했으며, 이로 인해 중요한 정보를 가려내는 일이 더욱 어렵게 되고 있다.

다른 한편으로 중요한 결정들이 비밀리에 이루어진다든가 전화를 통해 이루어져 기록으로 남지 않을 수도 있다. 물론 전자기술의 성과를 이용해 어느 한쪽이 이 과정을 녹음해 둘 경우는 다를 수 있다. 이러한 시대적 변화 속에서 역사학자들은 이런 상황에 대응하는 방법을 개발했다. 중요한 정치지도자들이나 기타 다른 인물들과 이들이 내린 결정에 대해 가진 회견을 녹음한 것을 토대로 한 '구술사(口述史, oral history)'와 같은 역사학의 새로운 분야를 발전시킨 것이다. 구술사를 통해 후대의 조사연구나 출판을 위해 이런 기록들이 보존된다.

문제점이 있는 것은 사실이지만 역사 연구를 위한 각종 미디어의 활용도는 분명하다. 시각적인 자료들, 즉 회화, 사진, 뉴스, 비디오테이프 등은 역사학이 전통적으로 의존해 온 기록되고 활자화된 자료들과 동등하게 과거에 대한 사실을 찾아내는 데 일차사료가 된다. 예술, 음악, 그리고 시청각적인 보조수단에 의해 제시되는 각색물은 과거의 어느 특정 시기의 생활이 실제로 어떠했는지에 대한 느낌을 갖도록 해 주는 면에서 학생들에게 큰 도움이 될 수 있다.

셰익스피어는 자신이 쓴 역사극을 통해 과거와 과거의 쟁점들에 대한 생생한 감각을 전달하기 위해 극장이라는 대중 매체를 최초로 이용한 인물 가운데 한 사람이었다. 현대의 역사학자들도 셰익스피어와 마찬가지로 각색 기록물, 심지어 대학용 텔레비전 교재와 같은 미디어들을 통해 피상적으로라도 훨씬 더 많은 청중에 접근할 수가 있다.

불행히도 역사를 이해하기 위해 매스미디어에 의존하는 데에는 몇 가지 위험이 뒤따른다. 이런 위험들은 무엇보다도 앞서 지적했던 바와 같은 특성을 지닌 데서 유래한다. 즉, 매스미디어가 청중의 수동성을 자극하고 시청자가 그 메시지에 관해 분석적인 성찰을 가하기가 어렵다는 데서 온다.

일방적인 전달 방식을 취할 수밖에 없는 매스미디어들은 고등교육의 정수인 비판적 사고능력을 발전시키는 데에는 적합하지 않다. 더욱이 많은 교육용 영화를 포함해 이런 미디어들을 통해 이용할 수 있는 자료들의 대부분은 흥미롭지만 중요하지도 않은 세부적인 점을 필요 이상으로 강조함으로써 사실을 왜곡하고 지나치게 단순화해 오도의 가능성이 있다. 그러나 이 말은— 대개의 경우는 영국과 같은 공영방송체제에서 만들어진 라디오 및 텔레비전 프로그램을 통해서—훌륭한 자료들을 이용할 수 있는 경우도 있다는 사실을 부인하려는 것이 아니다. 일례로, 독일과 오스트리아, 러시아 황실과 이들이 제1차 세계대전에서 맞이하게 된 운명을 다룬 1974년 영국 BBC 13부작 드라마 〈독수리의 추락(Fall of Eagles)〉과 같이 좋은 자료도 존재한다.

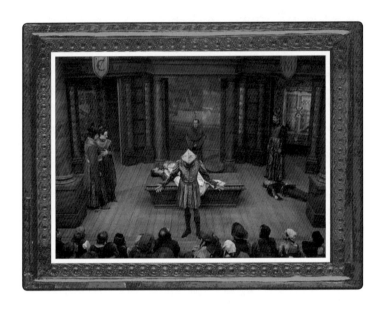

로즈 극장
(Rose Theatre)

1587년 세워진 로즈 극장은 영국에서 4번째로 건설된 대중 극장이다. 크리스토퍼 말로, 벤 존슨, 윌리엄 셰익스피어 등 영국의 대표적 작가들의 작품을 상연했다.

이곳은 영화 〈셰익스피어 인 러브〉의 배경이 되기도 했다. 사진은 영화 〈셰익스피어 인 러브〉의 한 장면.

요약해서 말하면, 매스미디어는 때로 역사에 대해서 읽고 쓰고 이야기하는 전통적인 방법들에 대하여 훌륭한 보완물이 될 수 있기는 하지만 결코 이를 대체할 수는 없다.

사실을 미화하거나 호도한다고 하여 그 실상이 묻히는 것은 아니며,
역사를 긍정적으로 해석한다고 해서 바른 민족사가 성립되는 것은 더욱 아니다.

— 이이화

6

Chapter

역사적 조사연구

문학예술가와 역사학자와의 큰 차이점의 하나는 주제의 원천이 다른 데 있다. 역사학자는 상상력과 개인적 경험을 통해 자료를 발견하는 것이 아니라 연구—주로 과거에 대해 쓰인 기록에 대한 연구, 다른 말로 하면 역사적 조사연구(historical research)를 통해 자료를 발견한다.

사건들에 관한 모든 설화, 교과서류에서 보이는 모든 일반화, 모든 역사적 이해는 역사적 조사연구라는 기초에 의지한다. 조사연구는 과거의 사건들에 관한 증거를 찾고, 이 증거를 선별하고 조직화하고 해석하는 데, 그리고 과거에 실제로 일어났던 사건을 가능한 한 가깝게 보여 주기 위해―어떻게 그리고 왜 일어났는지를 포함해―
필요하다.

　조사연구의 경험은 역사학 훈련이 목표로 삼고 있는
정신적 자질들, 즉 깊이, 회의 정신, 조직력과 판단력을
발전시키는 데 도움이 된다.

　또한 조사연구는 역사학에서 매우 중요한 비중을 차
지하는 것이기 때문에, 자연과학에서의 실험교육과 마찬
가지로 역사적 조사연구의 성격과 방법을 어느 정도 익
혀 두는 것을 역사학 공부의 필수적인 한 부분으로 삼아
야 한다.

자료의
효과적인
분류와 정리법

    역사적 조사연구의 과제는 세부 심층에서 역사적 진실과 이해의 기초를 발견하려는 것이다. 조사연구는 역사학의 일차사료, 곧 사건들이 전개되는 과정에서 산출된 기록들과 저술들, 그리고 개인적 기억들을 다룬다. 이러한 사료들을 동원해 조사연구는 설화적 역사개설서가 제시해 주는 단순하고 총괄적인 역사상(歷史象)을 뒷받침해 주거나 혹은 바로잡아 줄 중간적 개념들과 일반화들을 구성하거나 다듬게 된다.

    예를 들면 다음과 같다, '프랑스 농민들은 귀족층의 특권에 대해 분개했는가?' 조르주 르페브르는 이것이 사실이었는지, 사실이었다면 어떤 방식으로 그리고 어떤 이유로 그랬는지를 가능한 한 정확하게 알아내기 위해 북부 프랑스의 지방기록보관소(provincial archives)와 토지기록들을 조사하는 데 여러 해를 보냈다. '노예제도는 미국 남북전쟁을 일으키게 했는가?' 케네스 스탬프(Kenneth Stampp)는 이 '특수한 제도'가 미국의 운명에 미친 영향을 파악하기 위해 이 제도에 관한 기록들과 목격자들의 설명을 세밀히 조사했다.

이와 같은 성격의 조사연구는 역사적 사실이나 해석상의 문제가 생길 때 그것을 해결하는 궁극적인 방법이 된다.

역사적 조사연구의 범위는 역사학의 전체 주제만큼이나 방대하고 깊다. 역사적 사실에 대한 이해가 신뢰를 얻게 하기 위해 엄격성을 갖고 작업하려고 하는 어느 누구도 시간이나 정력적인 제약 때문에 인간의 전체 기록 가운데서 작은 일부만을 조사할 수밖에 없다. 학생들의 경우와 마찬가지로 전문적인 역사학자의 경우에도 역사연구를 의미 있게 하고 감당할 수 있게 하려면 조사연구는 한 번에 하나의 주제를 대상으로 해야 한다.

주제의 선택은 조사연구에 의미를 주는 보다 폭넓은 문제를 다루는 것이 좋다. 이 경우 조사연구는 선택된 문제를 설명하고 예증하려는 노력 가운데서 이 문제의 어떤 측면을 탐구하게 된다. 이렇듯 조사연구는 앞서 교과서류나 강의 과정에서 제시되는 폭넓고 개략적인 역사를 보완하기 위해 심층적인 연구로 강조한 사례 연구에 중요한 역할을 한다.

조사연구의 주제는, 그것이 학부학생의 논문이든, 석사학위논문이든, 학자의 저작이든 간에 조사연구자가 적당하다고 생각하는 방식으로 설계되어야 한다. 여기에서 다시 한 번 예술적 요소가 개입된다. 주제를 선택하고 규정해 이 주제가 의미가 있고 정합하는 상을 만들 수 있도록 해야 한다. 학생들은 이용할 수 있는 자료들의 양과 세부적 깊이를 미처 깨닫지 못해서 너무 방대한 주제를 택하려고 하는 경우를 흔히 보게 된다.

주제를 좁히고, 초점을 맞춰 학생들에게 주어진 시간 내에 보다 철저한 조사연구를 할 수 있도록 하는 것이 교육적으로 더욱 유리하다. 물론 이 경우 학생들은 연구를 의미 있게 만들어 주는 의문들과 보다 넓은 쟁점들을 염두에 두는 것이 필요하다. 만일 주제가 이와 같이 보다 넓은 의미를 지닌 사항들과 연결되지 않을 경우 우스꽝스러워질 위험성이 있다. 예를 들면, '어떤 사람들은 매운 것을 좋아한다. 1812년에서 1840년 사이의 디종의 겨자 산업의 발전과정(Some Like It Hot: The Evolution of the Dijion Mustard Industry, 1812~1840)'과 같은 식으로 말이다.

조사연구의 주제에 접근하는 방법은 역사연구의 접근 방법과 같아야 한다. 먼저, 주제를 전체적으로 개관하고, 다음 탐구할 구체적인 문제들을 설정하고, 그다음 점차적으로 깊이 있는 조사를 진행해야 한다. 조사연구의 주제가 전체적으로 어떤 양상을 띠고 있는지, 그리고 다른 조사연구자들은 이 주제에 관해 어떻게 말했는지를 알아보기 위해서 먼저 이차사료와 삼차사료를 이용해야 한다. 조사연구자가 주제의 윤곽을 잡고 조사해야 할 문제들을 염두에 두고 난 다음에 일차사료에 많은 시간을 소비하는 것이 경제적이다. 이때에 이르러서는 주요한 문제들에 대한 해답을 발견하게 해 주거나 혹은 이 주요한 문제들을 수정하게 해 줄 자취와 증거를 대충 훑으며 선별적으로 모으는 작업이 필요하다.

　조사연구의 경험이 생소한 학생들은 엄청난 사료들을 보고 위압감을 느낄 수도 있으며, 이와 동시에 선택한 구체적인 연구 주제에 꼭 필요한 중요한 저작이나 논문들 중의 일부가 빠져 있는 것을 발견할 수도 있다. 다행히 학생들은 사료가 있는 곳을 찾는 방법에 대해 알고 있다. 무엇보다도 먼저 도서관의 카드 목록이 있다. 이것은 저자별, 제목별로도 작성되어 있을 뿐만 아니라 주제별로도 작성되어 있다.

　그러나 주제별 분류에만 너무 의존하지 않도록 해야 한다. 어떤 책은 학생들이 참고하려는 것과 똑같은 제목하에 분류되어 있지 않을 수도 있으며, 주로 다른 주제를 다룬 책이 오히려 학생들이 선택한 주제와 관련 있는 자료를 포함하고 있을 수도 있다. 학생들이 도서관의 책꽂이에서 자신이 연구하는 주제가 있는 곳을 찾은 후에는 이와 나란히 있는 책꽂이들에서 동일한 주제나 비슷한 주제를 다룬 다른 책들을 발견하게 될 것이다.

　보다 체계적으로 진행하기 위해 도서참고자료(library reference aids)들을 이용하는 법을 배워 두면 좋다. 도서참고자료에는 출판목록(bibliography)이 있다. 출판목록들 중에는 미국역사학회가 출판한 《역사학 문헌 안내(Guide to Historical Literature)》처럼 역사학 전체를 표본화해 놓은 것도 있으며, 특정 국가나 주제들에 관한 일체의 도서목록을 기록해 놓은 것도 있다. 학생들이 배우는 교

과서에 나와 있는 참고문헌이나 독서안내목록이 좋은 출발점이
될 수 있으며, 학생들이 참고한 이차적인 저작들은 그에 관한 참
고문헌이나 각주에 구체적인 귀중한 도움을 줄 것이다.

하나의 좋은 자료를 찾게 되면 그로 인해 또 다른 좋은 자료
를 찾을 수 있게 마련이다. 그 밖에 훌륭한 도서관에서나 찾을
수 있는 중요한 사실적 참고자료들에는 학생들에게 익숙한 사전
류나 백과사전류를 포함해 다음과 같은 자료들이 있다. 《사회과
학 백과사전》, 인명사전류(《인명록》,《인명사전》), 통계자료 안내류,
특정 주제영역을 위한 인명록과 편람들 등등.

소재지를 찾기가 상당히 어려운 자료들이 있다. 정기간행물
에 실린 글들, 팸플릿, 정부자료, 그리고 편지와 기록수집과 같
은 미간행 자료들의 경우가 그렇다. 이 경우 참고사서(reference
librarian)와 의논해 보는 것이 좋다. 자료 및 그 배열이 도서관마
다 다르기 때문에 특히 그러하다. 학술잡지를 대상으로 한 참고
자료는 고등학교에서 '정기간행물 안내' 사용법만을 배운 학생들
에게 간과되는 경우가 많다. 그러나 대학공부를 위해서는 이런
자료들이 훨씬 더 중요하다. 그 밖에 전문분야별 색인들이 많이
나와 있다. 역사학의 경우 학생들은 다음의 것들에 대해 알고 있
어야 한다.

〈논문 및 일반 문헌 색인〉(공저의 경우 개인별로 논문 색인을 만들
어 놓고 있다), 공적 사항 정보서비스 색인(역사학, 사회과학 및 공적인

문제들에 관한 서적과 논문들을 소개), 그리고 시리즈로 된 〈역사학 해제〉(세계 전 지역에서 출판된 모든 역사적 주제에 관한 논문들을 간단하게 요약해 주고 있다) 등등. 영국의 《세계사 연감(Annual Register of the World's Events)》이나 훌륭한 백과사전의 연감과 같은 연감류를 참고하는 것도 상당히 유용할 수 있다. 최근에 발행된 역사학 출판물까지 알아보려면 역사학회에서 발행하는 계간지를 알아 두어야 한다. 그 밖에 역사학회는 역사교사들을 위한 중요한 역사적 주제들에 관한 새로운 해석들과 참고문헌들을 소개하는 아주 유익한 자료를 발행하고 있다.

학생들은 이용할 수 있는 모든 참고문헌을 어떻게 기억하고, 어느 것을 사용할 것인지를 어떻게 결정하는가? 그것은 간편한 기록 보관 방법에 달려 있다. 3×5센티미터 정도 크기의 카드철을 만들어 학생들이 찾아낸 자료 하나하나마다 카드를 작성하는 방법이다. 참고문헌 카드철을 만드는 것은 조사연구의 작업 습관으로 항상 몸에 배도록 해야 한다. 자료는 즉각적으로 3×5센티미터 카드 한 장에 기록되어야 한다. 절대로 서적 목록을 써 놓지 말라. 또한 낡은 노트북 뒷면에 책 제목들을 적어 두지 말라. 이렇게 적어 둔 정보는 아예 잃어버리거나 다시 적어야 할 일이 생기기 때문이다.

새로운 항목들을 기록할 자세를 갖추라. 학생들이 교실에 들어가거나 강의실에 가거나 도서관에 갈 때는 항상 3×5센티미터의 카드를 준비해야 한다. 관심이 있는 하나의 제목마다 하나씩의 카드를 만든다. 그리고 이 카드에 참고자료에 필요한 모든 사항을 적어 두라. 저자, 제목, 발행인, 발행처와 발행일, 면수, 그리고(학생들이 해당 책이나 도서관 카드목록을 찾았을 경우는) 도서번호를 모두 적어 두라. 학생들은 자신들의 카드철을 저자별, 주제별, 또는 양자를 겸용해 철자별로 정리해 놓을 수도 있다. 그러나 세워둔 계획이나 그것을 진행하는 과정에서 또 다른 계획이나 과정으로 진행해 가는 때에는 주제별 분류가 자연스럽다.

학생들은 결코 자신이 만든 카드를 없애버리지 말라. 학생들의 참고문헌 철을 읽고 쓰는 작업이 계속되는 한 계속해서 쌓아가라. 읽고 쓰는 작업은 학생들의 평생에 걸쳐 진행되어야 할 일이다. 조사연구 계획을 위해서만이 아니라 독서를 위해서도 참고문헌 철을 쌓도록 하라. 그렇게 하면 학생들은 스스로 노력하고 발견한 것에 대한 귀중한 기록을 쌓게 될 것이다.

자료를 선택하고 평가하는 일을 용이하게 하기 위해서는 각 카드의 오른쪽에 저자와 저자의 접근법에 대한 간단한 주를 달아 놓는 것이 도움이 된다. 저자에 관해 알아 두도록 노력하라. 적어도 저자에 관계된 날짜, 저자의 국적, 전문 영역, 그리고 소속 당파나 입장까지 알아 둘 필요가 있다. 이 같은 정보는 다음 절에서 논의될 비판적 평가의 과정에 중요한 역할을 하게 될 것이다.

어떤 책을 대강 읽었을 경우 그 책의 내용과 논지, 그리고 자신의 계획에 미치는 전반적인 장점 내지 효율성에 대한 의견을 요약해 적어 두는 것이 좋다. 저자와 저서에 대한 평가를 알아보는 데 편리한 자료가 있다. 그것은 실제 서평들을 발췌하여 싣는 《서평 다이제스트》다. 카드에 적힌 이런 정보들은 학생들이 어떤 자료가 가장 중요하고 가장 신뢰할 만한 자료이며, 어떤 자료가 후일에 다시 추가적으로 확인해야 될 것인지를 판단하는 데 도움을 준다.

세부사항들과 마찬가지로 자료들도 분류를 통해 자신에게 도움이 될 수 있도록 할 필요가 있다. 그렇지 않으면 도서관들에 소장되어 있는 홍수와 같은 정보에 휩쓸려 헤어나오지 못하게 될 것이다.

조사연구와
기록의 기술

　만약 과락의 여부가 달려 있는 연구과제를 통과한다면 역사적 조사연구의 경험은 학생들에게 강도 높은 사고훈련의 기회가 된다. 조사연구는 어떠한 종류의 정보이든 간에 그것을 찾아내고, 선별하고, 분류하고, 일반화를 시도하는 방법을 훈련하는 데 아주 효과적이라 할 수 있다. 이런 유의 절차들은 화학의 경우 시험관 세척과 마찬가지로 효과적인 역사 조사연구를 행하기 위해 배워 두지 않으면 안 되며, 이런 절차들은 결국 복잡한 과제를 보다 쉽고 감당해 낼 수 있는 것으로 만드는 데 상당히 큰 도움이 된다.

　조사연구의 첫 번째 과제는 학생들이 서술을 시작할 때가 아니라 정보 수집에 착수할 때 마련되어야 할 개요다. 이 개요(outline)가 앞의 여러 장들에서 논의된 규칙들에 따라 학생들의 연구주제를 조직화하는 데 도움을 주도록 해야 한다. 그리고 학생들이 답을 구하려고 하는 중요한 문제들을 구체화하면서 적합한 자료들을 선택하는 지침을 제공해 주는 것이어야 한다. 또한 개요가 정교해야 될 필요는 없지만 경직되어서는 안 되며, 적어도 학생들의 중요한 구분들, 즉 하위에 속하는 소제목들을 포함할 수 있을 정도로 구체적이어야 한다.

서론적인 항목과 배경적인 항목들을 최소한으로 줄이도록 하고 학생들이 선택한 특정 주제를 어느 정도 세밀하게 다룰 수 있도록 보장해야 한다. 학생들은 조사연구 결과나 서술 과정에서 필요할 경우 즉시 이 개요를 수정하는 데 주저하지 말라.

학생들의 조사연구 작업에서 기술적인 핵심은 내용정보철(file of content information)이다. 이것은 5×8센티미터 크기의 카드철로 하는 것이 가장 좋다(학과목 연구 노트나 보다 일반적인 성격에 속하는 다른 기록들을 위해서는 페이지를 마음대로 뺐다 꽂았다 할 수 있는 노트북 양식 그대로 사용하는 것이 더 좋다). 주나 요약 또는 학생들이 읽은 자료에서 뽑은 인용문들은 카드에 기록해 두라.

학생들이 각주를 달 때 자료를 다시 찾아보는 일이 없도록 자료와 페이지를 적어 놓는 것을 잊지 말라. 학생들 자신이 요약한 내용과 자료에서 직접 인용한 인용문을 구분하는 데 신경을 써야 한다. 학생들이 한 대목을(약간 알기 쉽게 바꾸어) 카드에 베껴 놓고 인용부호를 표시하지 않은 채 놔두었다가 후에 이 대목을 자기 논문에 쓰는 경우가 비일비재하다. 이것은 '표절'에 해당한다. 물론 고의적인 사기성이 없고, 그 자료가 각주로 처리되어 있기는 하지만 말이다.

문서, 통계자료, 주요 논문들과 같은 정보를 보다 광범하게 기록하기 위해 전자기기가 보편적으로 이용되지만, 이런 수단들에 의해 복제되는 자료들은 그것이 최종적으로 학생들 자신의 말로 고쳐지기 전에 압축, 선택, 분류를 위해(어떤 다른 자료와 마찬가지로) 노트를 해 둘 필요가 있다는 점을 명심해 두어야 한다.

노트를 할 때에는 카드용지를 아끼지 말아야 한다. 수많은 카드에 지나칠 정도로 노트를 해 두는 것이 그 반대의 경우보다 훨씬 도움이 된다. 새로운 자료에서 정보를 얻는 경우 항상 새 카드를 이용하라. 설령 같은 자료에서 온 것일지라도 서로 무관한 사항들을 한 카드에 기재하지 말라. 서로 무관한 사항들은 각기 다른 분류에 철을 해 둘 필요가 있다. 카드의 이면에 기록하지 말라. 카드 이면에 기록하는 것은 이용하기가 불편할 뿐만 아니라 잘못하면 지나쳐 버리기가 쉽다. 카드철의 기능이 무엇인지를 명심하도록 해야 한다. 카드철은 학생들이 사료에서 추출한 자료들에 대한 재분류를 가능케 함으로써 학생들이 책이나 문서에서 찾아낸 사실들을 여러 주제나 연대별 분류에 맞추어 정리할 수 있게 해 준다.

학생들은 조사연구를 진행하는 동안 떠오른 생각들을 기록해 두는 일을 잊지 말아야 한다. 이런 생각들은 자료에서 얻어낸 정보에 못지않은 귀중한 도움을 줄 수 있기 때문이다. 우리는 자신의 기억에만 의존하기에는 한계가 있다. 학생들이 자료에서 얻는 정보를 정리하는 것처럼 학생들 자신의 생각도 각 사항마다 독립된 카드를 사용해 기록해 두고 그 명칭을 적어두도록 해야 한다.

학생들이 공포정치에서의 로베스피에르의 역할에 대한 논문을 쓰고 있다고 가정해 보자. 카드목록은 학생들을 톰슨(J. M. Thompson)이 쓴《로베스피에르와 프랑스 혁명(Robespierre and the French Revolution)》으로 인도해 준다. 이 책의 70페이지에서 학생들은 다음과 같은 내용을 읽게 된다.

1793년 4월 6일의 공안위원회는 본래 9명의 자코뱅파로 구성되었으며, 이들 중 바레르(Barère)와 랭데(Lindet)는 영구적 의원이 되었다. 5월 말에 이르러 그 수는 임시적으로 14명으로 늘어났으나 다시 7월 10일에는 9명으로 축소되었으며, 이때 당통(Danton)[37]은 축출되었다. 로베스피에르는 7월 27일 이전까지는 참가하지 않았다. 카르노(Carnot)를 포함한 추가된 4명의 의원들로 인해 9월 6일에는 총수가 12명에 이르렀다. 이들은 10개월 후 자코뱅 정부의 몰락 때까지 매월 재선되었다.

학생들은 이 내용을 어떻게 정리하여 기록할 것인가? 공안위원회[38], 바레르와 랭데, 당통과 카르노, 그리고 로베스피에르에 관한 사실들이 여기에 나와 있다. 학생들이 작성한 개요는 학생들의 연구계획에 어떤 사실들이 필요하다고 말해 주고 있는가? 분명히 로베스피에르가 1793년 7월 27일 공안위원으로 선출된 사건은 아마도 한 문단을 할애할 만한 중요한 사건이 될 것이다. 그러면 학생들은 카드 하나를 꺼내 '로베스피에르 – 경력'이라고 이름을 붙이고 다음과 같이 기록하면 된다. '7/27/93 – 공안위원으로 선출(설치 3개월 후).' 이 기록은 간략하다.

이 기록은 전적으로 학생들 자신의 말로 서술되어 있다. 그리고 이 기록은 의미 있는 시간적 사항을 강조하고 있다. 공안위원회의 설치, 당통의 축출, 공안위원 인원이 12명으로 고정된 날짜를 기록할 때 반드시 다른 카드들을 사용해야 한다. 이 대목 중 나머지 내용은 학생들의 목적에 비추어 사소한 것이므로 무시해 버려야 한다. 여기서는 인용할 필요가 있는 것은 아무것도 없다. 학생들이 여기서 만든 모든 카드에는 다음과 같이 표시해야 한다. '톰슨 – 로베스피에르,

37) 1759~1794. 프랑스 혁명기의 정치가. 1790년 자코뱅당에 가입해 로베스피에르, 마라와 함께 혁명적 대중의 지도자, 8월 사건(1792)의 주모자가 되고 사건 후 혁명 재판소 개설을 주창했다. 로베스피에르와 대립하면서 혁명재판을 받고 단두대에서 처형당했다.

38) 프랑스 대혁명 기간 중 공포정치를 펼쳤던 통치기구. 1793년 4월 6일 설립되었다가 국민공회 해산과 함께 폐지되었다. 위원회에서 정치분야를 담당했던 로베스피에르, 조르주 쿠통, 루이드 생 쥐스트 등 3인이 펼친 정치를 삼두정치라고 일컫는다.

〈조르주 당통 초상화〉

프랑스 혁명기의 혁명가이자 정치가인 조르주 당통
(Georges Jacques Danton)의 초상화. 콘스탕스 마
리 샤르팡티에(Constance-Marie Charpentier), 카르
나발레 박물관, 프랑스, 1792.

p. 70.' 그리고 이 카드들은 주제별로 혹은 연대별로 분류되어야 한다. 그런 다음 학생들은 공안위원회에 뒤늦게 참여하게 된 로베스피에르가 다른 위원들이 이미 느끼고 있던 생각을 대변하는 인물로 두각을 나타내게 되었을 것이 분명하다는 생각을 하게 된다. 학생들은 이것을 별도의 카드에 기록해 두고 이 생각을 뒷받침해 주는 정보를 찾는 동안 기억해야 한다.

조사연구한 결과를 서술하는 작업을 너무 오랫동안 미루어 놓아서는 안 된다. 조사연구가 '완성'될 때까지 기다리지 말라. 조사연구는 결코 완성되는 법이 없을 것이다. 학생들은 항상 자신의 문제와 생각들이 보다 명확하게 초점이 잡히게 될 때 일차 초고를 쓴 후 참고했던 자료로 다시 돌아가는 시간을 가져야 한다. 자료정보를 수집하고 있는 동안에 한 절씩 일차 초고를 쓰는 것도 나쁘지 않다. 만약 주제 카드철을 제대로 만들어 놓았다면 이것에 의존해 한 절씩 서술해 나갈 수도 있다. 대개는 학생들이 자신의 카드철에 적힌 내용들을 정리하여 서술하는 과정을 거쳐야 상당 부분의 압축, 선택, 요약이 제대로 이루어질 것이다.

여기서 사건들에 대한 자신의 요약적 서술과 자료에서의 직접 인용을 명확히 구분하는 일이 중요하다. 인용은 조심스럽게 이루어져야 하지만 아주 효과적인 수단 중의 하나다. 인용의 경우에 가장 흔히 저지르는 실수는 너무 지나치게, 그것도 특히 이차사료에서 너무 지나치게 인용하는 것이다. 글의 양을 늘릴 목적으로 저자의 글을 인용하지 않도록 해야 한다. 학생들의 언어나 생각들을 예증할 필요가 있을 때 이를 보충하는 정도로만 인용해야 한다.

예증을 위해서는 일차사료에서 자유롭게 인용하되 인용을 너무 길게 한다든가 학생들 자신의 논평을 붙이지 않고 인용만 해서는 안 된다. 한 문장이나 혹은 그 이상의 내용을 그대로 인용하는 경우에는 학생들이(각주에서는 물론) 본문에서 말하는 자가 누구인지를 확실하게 밝히도록 해야 한다. 예를 들면, '영국 대사는……라고 보고했다'든가 '이 혁명에 관한 한 유명한 권위자는……라고 설명한다' 등과 같다.

그리고 학생들이 사용한 자료가 또 다른 자료에서 취해온 인용문일 경우 그 원래의 자료를 밝히도록 해야 한다. 만약 이 원래의 자료를 구할 수 없거나 원어를 읽을 실력이 안 되더라도 인용문을 사용할 수 있다. 이때에는 반드시 각주를 사용해 자료와 그 원래의 소재지를 밝히도록 해야 한다. 예를 들면 '레닌, 공산당 회의에서의 1920년 9월 22일자 연설, Sochineniya(저작집), 2nd ed, XXV. 399. 루이소 피셔, 《레닌의 생애》(뉴욕, 1964), p400에서 재인용'과 같다.

각주 사용은 학생들이 어렵게 생각하는 것 중의 하나로 꼽힌다. 그러나 전혀 그럴 필요가 없다. 각주를 사용하는 목적은 학생들의 글 속에 나오는 내용들의 근거와 진정성을 독자들로 하여금 알 수 있도록 하려는 데 있음을 명심하면 된다. 독자가 어떤 사실을 이미 알고 있거나 확실한 사실일 경우에는—예를 들면 로베스피에르가 1794년 7월 기요틴(단두대)에 목이 잘렸다는 사실—이것은 이미 상식화된 것이므로 각주를 달 필요가 없다. 그러나 자료가 인용문일 경우에는 반드시 각주를 붙여야 한다. 이 중간에 해당하는 경우 서술자는 어느 곳, 어느 때에 각주가 필요한지를 판단해야 한다.

학생들이 어떤 저자의 말을 그대로 인용하지 않을 경우에도 그 저자에게서 어떤 특정한 생각이나 해석을 얻게 되었을 경우에는 각주 다는 것을 잊지 말아야 한다. 한 문단 안에 포함된 모든 구체적인 사실이 하나의 동일한 자료에서 온 것일 경우 여러 페이지를 함께 밝혀주면서 하나의 각주로 처리하면 된다. 때로 학생들은 여러 자료들에서 길게 다루어져 있는 내용을 요약할 필요가 있다. 이때는 이 모든 자료를 하나의 설명적인 각주에 밝혀놓는 것이 좋다. 예를 들면 '이 점을 길게 다루고 있는 것을 보려면, 다음 저서들을 참고……'와 같은 형식이다.

각주는 각주에서 밝힌 자료가 독자들에게 참고가 될 수 있을 만큼 충분한 정보를 제공해 주어야 한다. 한 저서를 처음 인용할 때에 그 책의 저자, 제목, 발행 장소와 날짜(학생들의 논문에 참고문헌란이 따로 나와 있지 않을 때에는 발행처도 포함), 권 표시(여러 권으로 되어 있을 경우), 페이지를 밝혀야 한다. 다음 주에서 동일한 자료를 사용할 경우는 '각주 몇 번과 동일'로 표시하며 인용한 부분의 페이지만 밝혀 주면 된다(동일한 자료의 동일한 페이지에서 인용했을 경우는 '각주 몇 번과 동일'이라고만 표시한다).

동일한 자료를 추후에 다시 언급할 때에는 다음과 같은 식으로 줄여 표시해야 한다. '톰슨, 위의 책, p.101(Thompson, op. cit., p.101)'(최근에는 이 경우 저자의 이름과 페이지를 표시하는 것도 일부에서는 관례가 되고 있다.) 학생들이 자신의 한 논문의 다른 부분에서 톰슨의 다른 저작들을 이용하게 되는 경우, 그 저작들의 제목을 그대로 밝히거나 약어로 표시하여 밝히면 된다. 정기간행물(잡지)이나 공저에 들어 있는 글들을 인용할 경우에는 책의 편자와 제목을 밝힘과 동시에 학생들이 인용하는 글의 저자와 제목도 반드시 밝히도록 해야 한다. 이 자료를 추후 다시 언급할 때에는 글의 저자만을 밝혀도 된다. '스미스 위의 글, p.22(Smith, loc. cit., p.22)'와 같은 식이다. 만일 어떤 글을 편집된 자료집에서 인용할 경우, 이 글이 본래 들어 있던 문서나 출처를 반드시 밝혀 놓아야 한다.

마지막으로 제언하고 싶은 것이 있다. 학생들이 일차 초고를 쓰는 경우에는 주를 붙여야 할 본문 바로 아래 줄에 각주를 표시해 두라. 그렇게 되면 학생들은 당분간 주(註) 번호를 붙이는 데 대해서는 신경을 쓰지 않을 수 있으며, 학생들이 페이지 숫자를 수정하거나 바꾸는 경우 주는 그 주인에게 따라가게 될 것이다.

조사연구 결과를 서술하는 차례가 다가올 때에는 학생들이 쓰는 모든 것을 잠정적이고 다시 다듬은 것으로 생각하게 되면 과제는 보다 쉬워지고 그 결과도 더 좋아지게 될 것이다. 학생들은 빠른 속도로 쓰고, 자신의 자연스런 생각의 흐름을 표현하도록 노력하라. 만약 적절한 말이 생각나지 않을 경우에는 그런 대목을 표시해 두거나 당분간 공백으로 남겨 두고 다시 손질하는 시간에 손을 대도록 하라. 적어도 처음에는 멋진 말을 구사하거나 멋진 문체를 쓰는 일로 신경을 쓰지 말도록 하라. 특별한 작가적 재능을 지니지 못한 학생들의 경우는 평범한 서술을 택하는 것이 가장 좋은 방법이다.

항상 완성된 두 개의 초고를 쓰도록 계획을 세우라. 일차 초고를 쓸 때에는 본론 부분을 제일 먼저 쓰고, 그다음 결론 부분을 그리고 서론 부분은 맨 나중에 쓰도록 하라. 생각의 틀이 잡혀감에 따라 조사연구와 개요로 다시 돌아가라. 학생들의 이론과 조직 그리고 심할 경우 학생들의 조사연구를 이끌었던 문제들 전반을 수정할 태세를 갖추라. 이차 초고를 쓸 경우, 일차 초고를 대본으로 삼아 삭제, 분할, 수정, 자료의 대체와 같은 작업을 하는 것이 훌륭한 방법이 될 수도 있다(학생들이 만일 어느 페이지에 한두 개의 내용을 첨가하여 삽입하려고 할 경우 페이지를 잘라서 풀로 붙이거나 철을 해 두려고 하지 말라. 아예 '페이지 X에 삽입'이라고 표시를 한 새로운 종이에 기록해 두고 삽입될 페이지에 화살표 → 로 표시를 해 두라. 그리고 이 내용을 마지막 최종원고에 복사하면 된다. 만약 수정할 내용이 많은 경우는 최소한 가장 많이 고쳐야 할 절들에 한해서라도 본문을 새로 쓰는 것이 결국은 작업에 편리하다).

마지막으로 이차 초고의 문학적인 면, 곧 문체, 단어 선택, 문법, 구두점, 그리고 문단 구성 등을 검토하도록 하라. 자신이 쓴 글을 며칠 동안 놔두었다가 새로운 마음으로 다시 들여다보게 되면, 수정과 편집 작업이 훨씬 수월하게 이루어지는 것이 일반적이다. 원고 수정이 다 끝나게 되면, 마지막으로 타이핑한 글을 교정하는 일을 잊지 말라. 이 논문은 학생들의 업적과 자기교육에 대한 훌륭한 증거물이 되며 학생들은 이를 영구적인 관심과 참고의 대상으로 간직하도록 하라.

역사의 객관성에
걸림돌이 되는
요인들

조사연구와 서술의 과정에서 학생들은 역사적 사고(historical thought)에서 가장 도전적인 문제들에 직면하게 된다. 흔히 상충되기도 하는 많은 정보 가운데서 어느 것이 중요하거나 진실한지를 결정하는 문제, 읽은 자료들 가운데서 어느 것이 정확한지 혹은 정확하지 않은지를 판단하는 문제, 자료들이 지닌 의견이나 편견은 물론 자신이 지닌 의견이나 편견까지도 인식하고 규제하는 문제 등이 그것이다. 역사적 진실성은 참으로 엄청난 문제여서 위대한 역사학자들조차도 때로는 이러한 문제에서 실수를 범하기도 한다. 그러나 이 도전에서 이기려는 노력은 인간사를 공부하는 학생들에게 매우 귀중한 교육적 기회를 선사한다.

역사 조사연구에서는 물론 객관성의 견지가 필수적이다. 그러나 객관성의 견지가 곧 개인의 의견이나 가치관을 완전히 버려야 한다는 의미는 아니다. 이런 일은 사실상 인간에게는 불가능하다. 객관성이란 자신이 그것을 싫어하든 좋아하든 간에 사실을 그대로 직면하는 능력을 말한다. 이것은 학생들이 이 같은 능력은 학생들이 지지하는 사람이나 제도들에 관한 불리한 사실들과 만나게 되는 때 중요한 자질이 된다. 학생들이 자신들의 가치관을 이들이 대변해 주는 것으로 여기기 때문이다. 예를 들면, 혁명가들이 흔히 객관성이 결여된 것으로 알려진 것은 혁명가들이 표방하는 가치들에서 연유하는 것이 아니라, 혁명으로 권력을 얻은 사람들의 정부가 특정한 가치들에서 이탈했다는 점을 이들이 시인하지 않는 데서 연유한다. 서술자가 자신의 국가는 항상 정당했다는 점을 입증하려고 마음을 먹는 경우, 민족주의적 편견이 이러한 역할을 하게 된다. 예를 들면, 1904년 보스턴에서 간행된 어느 초등학교 교과서는 1812년의 전쟁의 발발을 다음과 같이 설명했다.

영국 군함의 함장들은 우리 나라 상선들을 억류하여 선원들을 배에서 끌어내렸다. 이런 방식으로 영국 국왕은 수천 명의 미국인들을 수중에 넣게 되었고, 이들에게 영국과 프랑스의 전투에서 영국을 도와 싸우도록 했다. 마침내 우리 나라는 이런 일을 더 이상 묵과할 수 없게 되었다. 우리 나라는 영국 국왕에게 만일 우리 나라 선원들을 붙잡아 두는 일을 중단하지 않을 경우 싸울 것을 통보했다. 영국 국왕은 이를 거부했으므로, 1812년 여름 우리 나라 의회는 전쟁을 선포했다.

(David H. Montgomery, An Elementary American History, Boston, 1904, p.176)

다른 쪽의 입장을 보여 주는 캐나다의 한 교과서의 설명은 같은 전쟁에 대해 이야기하고 있는지 의심될 정도로 다르다.

영국 배들이 미국 항구에 입항하는 경우 후한 급료에 현혹되어 그 선원들이 탈주하는 일이 흔히 있었다. 미국 시민임을 자처한 이들은 영국 배로 돌아가도록 한 법적 조처를 무시했다. 그리하여 영국은 이를 문제시하여, 영국 군함에게 탈주선원들을 찾기 위해 공해상에 있는 미국 배들을 수색해 강제로 이들을 잡아올 수 있는 권한을 부여했다. 오늘날에 만약 이런 조처를 취했을 경우 지극히 도발적인 행위로 간주되어 분노를 사게 될 일이다. 그러나 당시에는 이런 조처가 국제법에 위반되는 것이 아니었다.

(John B. Calkin, 《A History of the Dominion of Canada》, Halifax, 1898, pp.217~218. 이 인용문과 앞의 인용문은 다음 글에서 재인용한 것임. Frederick G. Hinett, 《The Nationalization of History Exemplified by the History of the War of 1812.》 M. A. thesis, The University of Uermont, 1953, pp.47, 59).

이런 유의 극단적인 편파성으로 인해 볼테르는 다음과 같이 말했다. "역사란 우리가 죽은 자들을 이용하는 사기술에 불과하다."

역사연구는 학생들로 하여금 편견의 근원이 역사상의 인물들 못지않게 학생들 자신과 동시대인들에게도 있음을 인식하게 해 줄 것이다. 일반적으로 편견은 '우리와 - 그들'로 나누어 보는 세계관(a we-they view of the world)에서 유래한다. 이 세계관 속에서는 스스로를 이중 한편의 집단—대개 민족(또는 국민) 혹은 종교일 경우가 많으며, 때로는 한 사회계급이나 정당일 경우도 있다—과 일치시키게 된다. 이 같은 편견은 무의식적인 것일 경우가 많다. 자기 민족의 생활방식이 다른 모든 생활방식을 판단하는 적절한 기준이 된다고 생각하는 자민족중심적 태도(ethnocentric attitude)나 특정한 전통의 노선을 무비판적으로 받아들이는 경우가 이에 속한다. 무의식적인 편견은 과거로부터 이어져 온 것일 수 있다. 십자군이 이슬람교도를 살육한 사실을 전통적으로 서양이 미화시켰던 것에서 그 예를 찾을 수 있다. 객관적으로 따져 보면 오히려 이슬람교도가 야만적 침략의 희생이 된 더 문명화된 사람들이었음에도 불구하고 말이다.

때로는 이런 편견들 때문에 역사가들은 고의적인 기만과 날조행위를 범하기도 했다. 반유태주의를 조장하기 위한 목적에서 1900년대 초에 날조된 악명 높은 '시온 장로들의 조서(Protocols of the Elders of Zion)'[39]가 그 일례다. 이로 인해 엄청나게 잔학한 범죄행위가 저질러졌던 것이다.

이보다 더 흔히 쓰이는 것은 왜곡, 과장, 취사선택의 수법이다. 이런 수법으로 쓰인 설명이나 비난은 대개 반진리(半眞理)가 된다(따라서 이런 반진리를 가려내기는 매우 힘들다). 편견이 대부분의 국민이 믿고 싶어 하는 내용을 강화시켜 주는 것일 때는 자연히 이들 국민이 속게 됨으로써 이런 편견은 영속된다.

이차사료든 일차사료든 역사적 정보를 제공해 주는 사료에서 많은 편견을 발견하게 되는 것은 오히려 당연한 일이다. 역사란 주로 직접적인 이익을 얻으려고 투쟁하는 사람들의 기록이기 때문이다. 오늘날의 사건들은 물론 과거의 사건들일지라도 객관화를 지님으로써 이 같은 직접적인 이익이 위협을 받는다고 할 때 이런 이익을 선뜻 포기하는 사람은 그리 많지 않은 법이다. 일차사료의 이용법과 이차사료에는 직관적인 요소가 개재된다는 사실을 배운 학생들은 때때로 일차사료는 이차사료보다 더 신뢰할 만하고, 더 객관적이고, 편견이 적다는 결론으로 비약하는 것을 보게 된다. 이런 학생들은 사건의 와중에서 산출된 일차사료는 자연적으

39) 위서로도 불리는 반유대주의적 책이다. 이 책략서는 유대인들이 세계 정복의 야심을 갖고 비밀회의를 가진 후 채택한 지침서라고 알려져 있다. 작자 미상으로 유대인을 깎아내리려는 의도에서 만든 책이라는 시각이 있다.

로 편견을 지니게 된다는 사실을 잊어버린 것이다. 이러한 사료를 사용해야 하는 것은 당연하지만, 이런 사료는 자신의 작업이 진리에 보다 가까운 근사치를 찾아내게 될 것을 바라는 조사연구자의 비판적 판단력으로 여과해 사용되어야 한다.

이보다 더 부정확한 것이 단순한 실수에서 오는 수도 있다. 목격자의 관찰이라는 것도 완전한 것은 아니다. 두 사람의 목격자가 한 사건을 완전히 동일하게 기술하는 경우는 거의 없다.(만약 그런 경우가 있다면 학생들은 어느 한쪽이 다른 한쪽의 것을 베꼈다고 생각해도 무방하다). 이차적인 서술자들의 경우에도 이들이 아무리 신경을 쓴다고 하더라도 항상 실수—해석상의, 기억상의, 단순한 오타(여기에 책이 쓰인 이후에 생기는 인쇄상의 실수까지 포함)—를 범하게 마련이다. 이보다 흔히 나타나는 현상으로 추측을 마치 사실이나 합리적인 결론인 것처럼 꾸미는 문학적 과장이 있다.

예를 들면, 소련문제 전문가(Kremlinologist)가 마치 자신이 정치국 회의실에 도청장치라도 해 놓고 있는 것처럼 모스크바 막후의 권력투쟁에 관해 서술하는 경우가 있다. 추측은 그 나름대로 정당성을 지니고 있다. 그러나 추측을 할 때는 어디까지나 '아마도'라든지 '……인 것처럼 보인다'는 적절한 수식어를 사용해야 한다.

수긍할 만한 객관성(resonable objectivity)에 대한 요구가 개인적인 해석과 판단을 배제하라는 말은 아니다. 앞서 개인적이고 상상적인 성격을 띤 이와 같은 해석이 역사가가 기록을 의미 있는 패턴으로 조직하는 작업에 본질적으로 수반된다는 점을 고찰했다. 따라서 역사 해석과 설명에는 최종적 진리라는 것이 존재하지 않는다. 주위 세계가 제시하는 문제와 가정이 변하기 때문에 역사가는 항상 동일한 문제를 다른 각도에서 이해하게 된다.

심층적인 역사연구를 시작하는 학생들은 관점의 상충, 나아가 자료들 간의 사실의 상충점을 발견하게 되면 당혹감을 느끼게 된다. 학생들은 곧 활자화된 것은 어느 것이나 회의하는 습관에 빠지게 되고, 자신이 읽은 어떤 내용도 믿을 수 없다고 판단하는 데까지 이를 수 있다. 그러나 훌륭한 역사적 판단력만 발휘하면 이 문제를 방치할 필요는 없다. 일차사료든 이차사료든 사료는 '내적 비판(internal criticism)'이나 '외적 비판(external criticism)'의 방법을 통해 평가가 가능하다.

내적 비판은 문서나 책 자체를 검토하는 것을 말한다. 예를 들면 다음과 같은 것이다. 일관성이 있는가, 아니면 자체 모순을 지니고 있는가? 어떤 기회에서 저자는 자신이 말하고 있는 내용을 알게 되었는가? 명백한 것은 어떤 것이고, 추측으로 보이는 것은 어떤 것인가? 관심이나 편견을 저자가 옹호하고 있었을 것으로 짐작되는 것은 어떤 것이고, 저자의 편견에 반하는데도 인정을 받게 된 것은 어떤 것인가?

외적 비판은 문서나 책을 다른 자료들 및 주제 전반에 관해 알려진 사실과의 관계하에서 검토하는 것을 말한다. 예를 들면 다음과 같은 것이다. 이 문서는 그보다 앞선 설명 및 그 이후의 설명과 어떻게 비교가 되는가? 그것은 언급하고 있지 않은 다른 사실들이나 쓰인 이후에야 알려지게 된 사실들과 모순되는가? 그것은 학생들이 파악하고 있는 모든 알려진 자료를 정직하게 해석하려 한 노력이 보이는가? 흔히 보이는 실수들이 이 사료의 신빙성을 의심케 해 주고 있는가?

이런 질문들은 역사적 진리를 파괴하려는 데 있는 것이 아니라 역사적 진리를 세련되게 하려는 데 그 목적이 있다.

역사적 의견에는 필연적으로 자율성이 있게 마련이지만, 그렇다고 해서 과거에 대한 해석이 진실과 위배되는 특정한 편견을 조장하기 위해서 임의적으로 조작되어도 좋다는 뜻은 아니다. 상상력의 범위를 떠나 정직을 넘어서기 시작하는 지점이 있다. 학생들은 자신들의 마음에 드는 어떤 매력적인 논리를 붙들어서 논쟁하는 사람이 하듯이 그것을 '입증'하려고 할 수는 없다. 역사학은 상상력과 사실에 대한 존중을 현명하게 결합시킬 것을 요구하며, 그 최대의 목적은 학생들의 지식과 능력의 한계 내에서 진실이 무엇인지를 발견케 하려는 데 있다. 진실은 조사연구를 통해 발견되어진다. 비록 조사연구에 의해서 발견되는 진실은 어디까지나 조사치에 불과하다. 그래서 언제나 새로운 연구의 도전에 직면하게 되지만, 그럼에도 큰 의미를 갖고 있다.

세계사는 세계 심판이다.

-헤겔

7

역사의 해석

과거에 대한 조직적 설명인

역사는 개별적인 역사가들에 의해 쓰인 것이다. 이들 역사가는 모두 각기 개인적 관점에서 작업을 하며, 인간의 기록을 재건하기 위해 자신의 상상력을 투입한다. 따라서 각 역사가가 역사기록에서 전개시킨 의미는 개인적 해석의 작업이다.

그러므로 모든 역사가에게 받아들여질 수 있는 최종적이고 확정된 역사적 원리들을 찾아내기란 불가능하다는 결론이 나오게 된다. 역사의 의미란 항상 유동적이며, 항상 논쟁의 대상이 될 수밖에 없다. 그러나 한편으로 이로 인해 새로운 관점이 계속해서 제시될 수 있음을 기대해 볼 수 있다.

역사를
바라보는
관점

　역사의 본질과 의미에 대해서는 역사가들 사이에서 끊임없이
논쟁이 있어 왔다. 그리고 지배적인 관점은 시간과 장소, 집단에
따라 계속해서 변화되었다. 일반화의 정립과 역사적 법칙의 탐구
를 강조하는 역사가들이 있는가 하면, 역사적 사실과 상황의 독
특성을 주장하는 역사가들도 있다. 또 어떤 역사가들은 경제적
요인이든, 정신적 요인이든, 또 다른 어떤 요인이든 간에 역사의
과정을 근본적으로 결정하는 하나의 지배적 요인을 찾아내어 밝
히려 시도했다.

　또한 요인의 다원성, 혹은 사건들의 과정을 형성하는 데 기여
하는 우연이나 인간의 결정의 역할을 주장하는 역사가들도 있다.
그리고 역사의 주요한 의미는 현재를 설명하는 데 있다고 믿는
역사가들도 있다. 반면 과거에 대한 순수한 지식은 그 자체로 가
치를 지닌다는 점을 옹호하는 역사가도 있다.

　종합해서 말하자면, 영미 계통의 역사서술(Anglo-American
historiography)은 사실의 독특성, 요인의 다원성, 과거 자체에 대

한 관심(the intrinsic interest of the past)을 중시한 반면, 유럽대륙 계통의 역사서술은 역사적 법칙, 결정적인 요인, 현재의 근원으로서의 과거의 의미 쪽을 강조해 왔다.

후자의 유럽대륙 계통의 입장은 역사주의(historicism)라는 용어로 불린다. 역사주의는 인간의 모든 사회경험을 하나의 역사적 과정으로 보면서, 이 안에서의 어떤 측면도 특정한 역사적 환경과 배경에 의해서 제약을 받기 때문에 역사적으로밖에는 이해될 수 없다고 본다. 이런 입장에서는 어떠한 행동이나 사건의 옳고 그름에 대한 판단은 그것이 일어난 역사적 환경과 시기에 비추어 상대적으로밖에 이루어질 수 없다.

역사가의 작업 그 자체도 역사가 자신의 시대와 문화 그리고 사회환경에 의해 제약을 받는 하나의 역사적 사건이다. 따라서 역사적 결론이나 역사적 진실은 각 역사가의 시기와 배경에 따라 상대적일 수밖에 없다.

역사적 상대주의(historical relativism)는 편견의 문제는 모든 역사서술에 내재하는 속성임을 말해 준다. 때로 역사적 객관성이란 절대적으로 불가능하다는 극단적인 입장이 취해지기도 한다. 전투적인 개혁가들이나 혁명가들은 흔히 객관성이란 현상 질서의 가면에 불과하다고 주장한다.

이보다 합리적인 입장은 다음과 같은 점을 인정하는 것이다. 즉, 역사적 진실은 그 관점이 인정을 받는 한에서 특정한 관점에서 추구될 수 있으며, 이와 다른 배경에 있는 후대의 역사가들 곧 '수정주의자들(revisionists)'은 새로운 질문을 던짐으로써 과거가 새롭게 드러나도록 할 수 있다는 것이다.

역사의
법칙과
경향

    역사주의는 역사학을 과학적으로 접근하고, 역사적 사건과 발전들에 대해 과학적인 설명을 제시하려는 노력과 밀접하게 관련되어 있다. 만약 역사의 모든 사건이 뉴턴의 물리학 법칙과 같은 일련의 단순한 법칙들을 기반으로 하여 설명될 수 있다면 역사는 정말 쉽게 이해될 수 있을 것이다. 물론 자연법칙도 작용을 하게 된다. 인간은 물리적인 면에서 중력법칙의 지배를 받고 있으며, 생물적인 면에서 죽음의 법칙의 지배를 받고 있다.

    그러나 실제 역사적 상황에서는 매우 예측하기 어려운 너무나 많은 복잡하고 다양한 요인이 작용하고 있어 일상적인 과학적 '법칙' 관념을 사용하기가 불가능하다. 동일한 상황이란 존재하지 않으며 다만 병행적인 것밖에 있을 수 없다. 법칙이란 존재하지 않으며 다만 경향(또는 경향성)이 존재할 따름이다. 불가피성이란 존재하지 않으며 다만 개연성이 존재할 따름이다. 인간이 행동을 통해 성취할 수 있는 정도에 제약을 가하는 조건들이 항상 존재하는 것처럼 목적의식적인 인간의 행동을 위한 기회와 대안도 항상 존재하기 마련이다.

역사는 너무나 복잡하고 예측이 불가능하기 때문에, 철학자들은 과거가 왜 그러한 방식으로 발생해야 했는지에 대한 이유를 설명해 줄 수 있고 미래에 대해서도 이와 같은 정도로 확실한 예측을 가능케 해 줄 수 있는 어떤 열쇠를 발견하기 위해 오랫동안 노력해 왔다. 이에 따라 이들 철학자들은 일반적으로 결정론이나 예정론을 제시하면서, 역사의 전체 과정은 어떤 법칙이나 세력에 의해 엄격한 통제를 받고 있다고 주장했다. 이런 설명들의 구체적 내용은 다를 수 있다. 예를 들면, 성 어거스틴[40]의 철학에서는 신의 의지가, 칼 마르크스의 철학에서는 경제적 필연성이 그것이다. 그러나 결정론적인 이론들은 모두 개인이 사건의 진로에 중요한 영향을 미칠 수 없다고 주장하는 점에서는 동일하다.

결정론(determinism) 중의 조잡한 한 형태는 과거에 발생한 사건들은 오직 현재의 세계를 만들어 놓기 위한 것일 뿐이라는 관점이다. 이것이 바로 목적론적 오류(teleological fallacy)다. 다시 말해, 연쇄적으로 사건들을 일으키는 것은 그에 선행하여 작용한 원인들이 아니라 목적(그리스어로 telos)이라고 생각하는 암묵적인 믿음(implied belief)이다. 이와 같은 암묵적인 가정이 통속적인 '진보'라는 관념의 밑바탕에 깔려 있으면서 흔히 한 국가의 역사에 대한 민족주의적 서술에 영향을 미치게 된다. 여기에는 난점이 있는데, 그것은 역사 속의 행위자들은 자신이 기여하고 있을지도 모르는 경향을 의식하지 못하며, 대개 단기적인 생각에 따라 행동하고 있다는 점이다.

이를 테면, 미국의 역사에서 '서부로의 이동(westward movement)'은 흔히 그것이 마치 '미국을 건설하기' 위한 대중의 의식적인 노력이었던 것처럼 묘사되고 있지만, 실제로는 수많은 개인이 주로 자신들의 개인적인 경제적 환경을 개선할 목적으로 행했던 노력들에 대해 우리가 인위적으로 붙인 명칭에 불과하다는 것이다.

포괄적인 결정론적 역사이론들은 실제적으로 과학적 법칙의 한계를 넘어선 것이다. 중력법칙은 내가 내일 땅바닥으로 떨어질 것이라고 말하지 않는다. 다만 어떤 이유로 해서 내가 넘어진다면 아래로 떨어지게 될 것이라고 말할 뿐이다. 생물학은 내가 미국 남자의 예상수명인 69세에 죽을 것이라고 예측하지는 않는다. 다만 내가 69세에 죽을 가능성이 있고, 내가 그간에 흡연을 지나치게 할 경우 그 가능성이 더욱 높아질 것으로 예측할 뿐이다. 이

40) 354~430. 4세기경 알제리와 이탈리아에서 활동한 신학자로, 4대 교부 중한 명. 그의 사상은 기독교 신학 및 서양철학사에 영향을 미쳤고, 이해와 관용을 바탕으로 한 철학으로 유명하다. 그는 인간의 공로보다 하나님의 은총을 강조했는데, 이것이 신학적 인식론과 영성신학에 영향을 미쳤다. 그가 쓴 《참회록》은 세계 3대 참회록의 하나로 꼽힌다.

와 동일한 방식으로, 대부분의 과학법칙은 단지 조건(conditions)이나 개연성(또는 확률: probabilities)을 말해 줄 뿐이며, 인간의 선택을 위한 넓은 범위가 남아 있다. 이런 방식으로 역사를 보는 것, 즉 "……일때……이다(if……then)"라는 조건이나 또는 개연성을 찾으려는 시도가 더욱 유익하다.

일례로, 혁명의 법칙을 들 수 있다. 일반적으로 혁명은 온전한 운동으로 시작해 나중에 폭력적인 극단으로 옮아가며, 대개 그다음에는 온건한 쪽으로 되돌아간다. 이러한 패턴은 크레인 브린턴(Crane Brinton)[41]의 《혁명의 해부(The Anatomy of Revolution)》에서 예증을 통해 입증되었다. 세 개의 주요한 혁명들—프랑스 혁명, 러시아 혁명, 영국의 크롬웰 혁명[42]—은 절대군주정에 반대한 온건한 입헌주의적 항거로 시작되었다가 그 뒤 이 세 혁명 모두에서 폭력적인 독재체제를 수립한 극단주의자들(extremists)이 권력을 장악하게 된다. 이것은 사건들에 대한 우리의 이해를 돕는 뚜렷한 하나의 패턴이

41) 1898-1968. 미국의 역사학자. 1934년 초판이 출간된, 혁명들을 비교 연구하고 혁명을 자세하게 분석한 《혁명의 해부(The Anatomy of Revolution)》가 매우 유명하다.

42) 1640~1660년에 걸쳐 청교도를 중심으로 일어난 최초의 시민혁명. 스튜어트 왕조의 절대주의와 의회의 대립은 찰스 1세의 폭정으로 한층 더 격화되어 내란이 폭발했다. 크롬웰을 주동으로 한 의회파가 왕당파를 물리쳐 찰스 1세를 죽이고 공화정치를 선언해 혁명에 성공했으나, 크롬웰의 독재로 인해 그가 죽은 뒤 다시 왕정복고가 이루어졌다.

올리버 크롬웰 동상

청교도 혁명을 이끌었던 올리버 크롬웰(Oliver Cromwell)의 동상. 영국 국회의사당 뒤편에 소재.

다. 그러나 물론 이 사건들이 절대적으로 결정적인 성격을 띤 것은 아니었다. 혁명의 '법칙'은 절대적인 것이 아니며 다만 조건적이고 개연적인 것에 지나지 않는다. 이 혁명의 법칙은 모든 국가는 혁명을 겪지 않을 수 없다든지, 모든 혁명은 동일한 전개과정을 보이지 않을 수 없다(미국 혁명과 1918년의 독일 혁명[43]은 모두 급진파의 독재체제를 수반하지 않았다)는 것을 말하는 것이 아니다. 다만 이 혁명의 법칙은 온건한 혁명이 일어나는 때에 극단적인 경향으로 발전해 갈 가능성이 있다는 것을 말해 줄 따름이다.

역사에서 '법칙'보다 유용한 개념은 '모델'이란 개념이다. 모델은 비교나 서술의 기초로 사용되는 사건들이나 제도들의 어떤 패턴—예를 들면, 혁명적 극단주의의 '파도'—을 뜻한다. 모델은 하나의 실제적인 역사적 사실일 수도 있고, 추상개념일 수도 있다. 그 목적은 모든 사례가 모델과 정확하게 일치한다는 것을 입증하려는 것이 아니라 여러 실제 사례 간의 유사점과 차이점들을 지적해 설명하려는 데 있다.

예를 들면 다음과 같은 것이다. '왜 러시아의 임시정부는 1789~1792년의 프랑스 입헌군주정과 마찬가지로 실패했는가?' 이와 달리 왜 러시아의 극단파, 곧 공산주의

43) 독일에서 1918년 11월 7일에 발생한 민주주의 혁명으로, 11월 혁명으로 불리기도 한다. 이 혁명으로 독일 제국 제정이 붕괴하고 의회민주주의적인 공화국이 탄생했다.

자들은 프랑스의 자코뱅파와는 달리 전복되지 않았는가?'

　이런 질문들은 각 역사적 사건이 지니는 독특성을 명확하게 밝혀 줄 뿐만 아니라 이 독특성을 전체 인간경험의 측면에서 이해할 수 있도록 해 준다.

역사는
영웅에 의해
좌우되는 것일까?

　우리가 엄격히 인간적인 측면에서 역사를 살펴볼 경우, 하나의 역사적 상황과 또 다른 하나의 역사적 상황 간의 가장 명백한 차이점은 뚜렷한 개성을 지니면서 서로 다른 방식으로, 흔히는 예측할 수 없는 방식으로 행동하는 개인들이 존재한다는 점에 있다. 유사한 상황에서 영향을 미치는 개인들이 정반대의 방식으로 반응하여 전혀 다른 결과를 가져올 수도 있다.

　어느 국가에서나 역사적 사건들과 업적은 뛰어난 개인들에 의해 이루어졌다는 식으로 역사가 가르쳐지고 있다. 토머스 칼라일(Thomas Carlyle)[44]은 19세기 중반에 그 특유의 '영웅' 관념으로 위인론(The Great Man theory)을 일반화하는 데 공헌했다. 영웅은 초인적 능력과 지혜 또는 영감을 지녔기 때문에 자신의 나라에 좋은 방향으로든 또는 나쁜 방향으로든 근본적인 어떤 변화를 이루어 놓을 수가 있었다는 것이다. 이런 관점에서는 모든 위대한 역사적 단계는 우연히 나타나는 위인이 권력의 자리에 오르게 되는 행운에 좌우되는 것으로 여겨진다. 즉, 웰링턴 공작[45]

이 아니었더라면 워털루의 승리가 없었을 것이고, 조지 워싱턴이 아니었더라면 미국이 없었을 것이고, 레닌이 아니었더라면 공산주의도 없었을 것이라는 식으로 말이다. 위인론에 의하면 역사는 결국 비결정적인 역사과정의 우연적 변화에 지배되는 것으로 보지 않을 수 없게 된다. 만일 그렇지 않다면 위인은 어떠한 역사의 변화도 낳지 못하게 될 것이다.

위대한 지도자들의 역할이 결정적인 것이라고 한다면, 그 존재 여부에 따라 지도자들의 행동에 영향을 미치게 되는 수많은 작고, 우연적이고, 예측할 수 없는 환경을 설명하는 것이 필요하게 된다. 워털루 전쟁 전날 밤에 감기로 인해 나폴레옹의 의지가 흔들리지 않았다고 가정한다면? 그랜트 장군이 1863년 전사했다고 가정한다면? ……라고 가정한다면? 이런 유의 유희는 끝없이 계속될 수 있다. 문제는 실제적인 하나의 우연한 일이나 개인적인 결단을 통해

44) 1795~1881. 영국의 비평가이자 역사가. 《프랑스 혁명》을 저술해 명성을 얻었는데, 여기에서 혁명을 지배계급의 악정에 대한 천벌이라고 하는 한편 영웅적 지도자의 필요성을 제창했다. 또 《영웅과 영웅숭배》를 통해 영웅숭배론을 내세우며 혼란과 무질서를 벗어나는 길은 대중이 진정한 영웅을 발견해서 그에게 복종하는 것이라고 주장했다. 칼라일은 영국제국주의의 고무자라는 평가를 받기도 한다.

45) 1769~1852. 아서 웰즐리(Arthur Wellesley). 영국군 총사령관을 거쳐 총리를 지낸 영국의 군인이자 정치가. 치밀한 전략으로 나폴레옹파의 전쟁을 승리로 이끌어 국제적인 명성을 얻었다.

토머스 칼라일 동상

영국의 비평가이자 역사가인 토머스 칼라일(Thomas carlyle)의 동상.

어떤 결과가 나타났으며, 우연한 일이나 결단이 이와 다르게 이루어졌다면 어떤 다른 결과가 나타났을 수 있는지를 평가해 보는 일이다.

여기서 우리는 역사가들과 철학자들이 해결할 수가 없었던 기본적인 하나의 쟁점에 직면하게 된다. 역사는 진정 그 발생과 결과 양 측면 모두에서 예측할 수 없는 우연한 사건들의 혼란된 흐름인가? 아니면 어떤 내적인 의미를 지니는 것이고, 역사기록을 장식하는 모든 무작위적인 소소한 사건에도 불구하고 국가와 운명의 진화를 지배하는 어떤 기본적인 발전의 노선을 지니는 것인가?

우연한 사건들이 발생하지만, 결국 이런 우연한 사건들이 큰 차이를 만들게 되는가? 역사의 많은 부분은 일반적인 사회적 법칙들에 의해 결정되거나 제약을 받는 것이 아닌가? 우연한 사건이 결과를 가져오거나 개인의 행동과 결정이 중요성을 지니는 범위는 어느 정도인가?

만일 모든 것이 혼돈이고 우연이라면, 우연한 사건들이란 중요하지 않은 것이다. 결국 새로운 우연한 사건들이 과정을 어긋나게 만들 것이기 때문이다. 하나의 우연한 사건이나 한 개인이 중요성을 지니려면 그것은 연속되는 사건들에 어떤 지배적인 영향력을 지니지 않으면 안 된다. 그것은 다른 우연한 사건들이나 개인들의 의미를 제약하지 않으면 안 된다. 나폴레옹이 일면 우연한 일로 인해 워털루 전쟁에서 패배했다 하더라도 일단 패배한 이상 승리는 다시 돌아올 수 없었다. 국제 형세가 더 이상 개인적인 노력으로는 어쩔 수 없을 만큼 변해 버렸다. 프랑스는 심한 타격을 입었기 때문에 다시는 프랑스 단독의 힘으로는 유럽의 힘의 균형에 도전할 수가 없었다. 이와 마찬가지로 게티즈버그에서의 리 장군의 패배는 남부동맹이 궁극적 승리를 얻을 수 있는 기회의 종말을 고했다.

개인들—나폴레옹이나 웰링턴, 리 장군이나 그랜트 장군—이 역사의 어느 시점에서 결정적인 영향을 미칠 수 있다고 하더라도 이들의 영향력 자체도 제약을 받을 수밖에 없다. 이들이 성취할 수 있는 것이나 혹은 성취할 수 없는 것, 이들이 성공을 위해 선택할 수 있는 것이나 혹은 선택할 수 없는 것은 모두 크게 혹은 작게라도 시간과 장소의 역사적 상황에 의해 설정된다. 지배자나 지도자가 아무리 원한다고 할지라도 압력과 영향을 미칠 수 있는 수단, 조직화된 권력체제가 없이는 수많은 백성에게 자신의 뜻을 강요해 그들의 행동을 변화시킬 수 없다.

문명이 발생한 이래 어느 사회에서나 권력의 조직은 대단히 복잡하다. 그중 가장 일반적인 것이 바로 정부다. 정부는 정부의 수중에 있는 국민과 무기의 뒷받침을 받는다. 근대 서양사회의 경우에는 법과 재판의 복잡한 그물과 입법과정이 여기에 추가된다. 또한 정부 이외에도 사업과 재산과 같은 경제적 힘 그리고 사상, 종교, 매스커뮤니케이션과 같은 정신적 힘이 있다. 이러한 모든 힘과 그것이 주어진 시대와 장소에서 차지하는 비중은 오랜 역사적 진화과정의 산물이다. 아무리 위대한 지도자라도 무에서 새로운 권력을 창조할 수는 없다. 지도자는 기껏해야 이미 주어져 있는 것을 장악하고 개조하여 이용할 수밖에 없다.

지도자가 정부를 통제하는 권한을 갖고 정부는 경제적 힘의 수단만이 아니라 정신적 힘의 수단까지 통제하는 전체주의적 독재체제의 경우에는 지도자가 행하는 모든 것이 결정적인 역할을 한다. 히틀러와 스탈린이 바로 그러한 예다. 이와 대조적으로 헌법의 제한을 받는 민주주의의 사회에서의 지도자는 선거국민의 어떤 다른 공복이 조금 후에나 조금 앞당겨 이룰 수 있는 것을 당장에 성취하려 하는 경우에도 예외적인 상황하에서의 예외적인 인물이 되어야 할 정도다. 즉, 지도자들이 큰 영향력을 갖게 되는 기회는 그 사회의 성격에 달려 있다. 어떤 개인이 힘을 얻게 되는 방법은 상속에 의한 것일 수도 있고, 선거에 의한 것일 수도 있긴 하지만 말이다.

특별한 인물─루터나 레닌과 같은─은 힘의 본질에 근본적인 변화를 가져온다. 그러나 개신교나 공산주의와 같은 혁명적 변화가 발생한 곳에서도 우리는 역사적 설명을 찾도록 해야 한다. 예를 들면, 이 위대한 지도자로 하여금 권력을 뒤엎고 사회를 변혁하도록 한 기성 권력조직의 허약성 같은 것은 따지고 보면 결국 역사적 상황인 셈이다. 그러나 이 상황은 결코 특정 개인의 존재를 보장해 주거나 그가 택할 수 있는 방향을 보장해 주는 법이 없다. 인간 세계는 인간이 부분적으로나마 역사를 예측할 수 없도록 만드는 것이다.

역사는
동기의 결과가 아닌
상호작용의 산물이다

일단 우리가 개인이 역사를 형성하는 데 어떤 역할을 할 수 있다는 점을 인정하게 되면, 역사에 대한 설명은 이들이 왜 그렇게 행동하게 되었는지에 대한 이유를 찾아내야 한다. 위대한 지도자들이 역사를 만들려고 쏟았던 노력을 설명해 주는 동기는 무엇이며, 또 대중이 이들을 따르거나 혹은 따르기를 거부하게 한 이유는 무엇인가? 어떤 동기가 모든 국민이 공통적으로 가진 것이고, 어떤 동기가 몇몇 개인에게만 해당하는 특유한 것인가? 이런 동기들을 진정한 것으로 여긴다 하더라도 사람들이 이루어 놓은 것을 실제로 어느 만큼이나 설명해 주는 것인가?

하나의 근본적인 동기를 바탕으로 하여 인간의 행동을 설명하려는 노력은 흔히 있어 왔다. 어떤 사람들은 그것이 경제적 동기, 즉 돈과 상품을 얻으려고 하는 것이라고 말한다. 또 어떤 사람들은 그것이 전적으로 다른 사람들을 지배하고 통제하기 위한 것이라고 말하기도 한다. 또 어떤 사람들은 종교적 목적이나 철학적 이상에 대한 헌신, 또는 애국심이나 민족주의와 같은 집단

본능, 또는 리비도의 심리적 충동, 또는 어떤 다른 것으로 설명하기도 한다.

사실 이와 같은 기본적인 동기들 가운데 어느 하나라도 무시될 수는 없다. 현실생활에서의 동기는 여러 요인이 복잡하게 얽히고설킨 것이다. 이 복잡한 혼합의 양상은 시간과 장소 그리고 특정 개인에 따라 달라지는 법이지만, 나아가 여러 다른 동기가 집단의 여러 다른 성원들 사이에서 다르게 나타날 수도 있다. '한 국민'을 공통된 하나의 요구를 지닌 통일된 하나의 대중으로 생각하는 것은 큰 잘못이다. 역사에서 동기의 문제는 모든 사람의 행동을 근본적으로 설명해 주는 하나의 요인으로 해결될 수 있는 것이 아니다. 그것은 개별 역사적 사례에서의 각 개인의 특수한 동기들의 결합상을 평가함으로써 해결된다.

동기들의 혼합상을 보여 주는 좋은 예는 자신이 신봉하고 있는 어떤 이상이나 프로그램을 실천하기 위해(선거에 의해서든 혁명에 의해서든) 권력을 잡기를 바라는 야심에 찬 정치가를 들 수 있다. 마오쩌둥을 예로 들어 보자. 관념(또는 사상)의 지도적 역할을 믿는 역사가는 마오쩌둥의 진정한 동기는 계급 없는 사회라는 이상적인 마르크스주의적 강령이었고, 마오쩌둥은 이 강령을 실천하기 위해 혁명을 통해 권력을 잡으려 했다고 말할 것이다. 모든 정치를 권력의 추구로 이해하는 역사가는 권력 자체가 마오쩌둥의 목적이었고, 마오쩌둥의 이상적 강령은 선전의 도구에 불과했다고 말할 것이다. 권력 동기를 정당화하고 그것을 돕기 위해 이상을 내세워 이용한다는 이런 관점은 이탈리아의 사회학자 파레토[46](Pareto)와 모스카(Mosca)[47]의 저술들이 나온 이후 유럽과 미국 사회과학자들 사이에서 크게 유행했다.

그러나 다른 동기들을 깎아내리면서 하나의 동기만을 강조하는 것은 해서도 안 되고, 또 그것이 정확한 것도 아니다. 권력이란 동기와 이상이란 동기는 서로 얽혀 있을 수 있다. 정치가가 자신의 강령이 권력 획득에 의존한다고 믿으면서 동시에 자신의 권력은 자신의 강령에 의해 정당화된다고 믿을 수 있다는 말이다. 바로 마오쩌둥이 이런 식으로 생각했음이 틀림없다. 이와 마찬가지로 경제적 동기가 다른 동기들과 얽혀 있을 수 있다. 마오쩌둥은 자신의 개인적인 경제적 이해관계에 의해 별로 영향을 받지는 않았으나 중국 농민층의 경제적 불만은 마오쩌둥이 지지세력을 얻는 데 큰 도움을 주었고, 중국의 경제문제는 마오쩌둥이 권력을 잡은 후 독재체제로 가도록 했다.

경제적 동기는 가장 지나치게 많이 강조되는 동기가 되고 있다. 이런 경향은 마르

46) 1848~1923. 이탈리아의 경제학자 및 사회학자. 경제학 분야에 있어서의 초기 업적 중 중요한 것은 자원배분에 관한 '파레토 최적'이다. 발라와 함께 로잔학파를 확립했다.
47) 1858~1941. 정책결정이론에서의 엘리트 이론의 선구자다. 국가의 통치는 항상 전통·의원·경제력 등에 있어서 우월한 소수의 지배계급의 손에 있다고 주장했다.

크스주의 철학과 관계가 있다. 그러나 실제로 마르크스는 19세기의 다른 많은 사상가와 이런 접근법을 공유했었다. 마르크스의 역사이론은 주로 경제적 동기에 의해서 모든 사람이 행동한다고 주장한 것이 아니라 경제적 욕구와 자원은 사회, 정치 또는 지적인 생활에서 일어나는 모든 것에 결정적인 영향을 미친다고 주장한 것이다. 마르크스의 기본 논점은 재산을 가진 자와 가지지 못한 자의 경제적 이해관계의 차이가 이들을 절대적인 계급으로 분열시키고, 적대적인 두 계급은 마침내 사유재산 제도가 폐지되기에 이르기까지 투쟁하지 않을 수 없다는 것이었다.

마르크스주의자가 되어 계급투쟁을 신봉하지 않더라도 역사에서 경제적 요인들의 중요성을 강조하는 것은 물론 가능하다. 사실상 오늘날까지도 미국에 강하게 남아 있는 19세기 경제학의 자유방임적, 개인주의적 전통은 이윤 추구의 경제적 동기를 매우 강조한다. 역사가들은 흔히 아주 상이한 동기—예를 들면, 종교개혁에서의 종교적 열정이나 제1차 세계대전에서의 민족주의적 증오감—가 분명히 드러나는 역사적 상황에서도 경제적 동기를 찾으려 했다. 나아가 미국 사상의 주된 기반을 이루고 있는 18세기 합리주의 철학이 이 같은 요인들을 별로 중요시하고 있지 않음에도 불구하고 인간 행동의 많은 부분은 아주 비실제적인 동기들과 비합리적인 충동들에 의해 설명되어야 한다. 미국의 역사는 상대적으로 증오와 공포의 격정, 전통과 권위의 속박, 광적인 독재자와 무분별한 파괴의 참변을 겪지 않았기 때문에 미국의 역사학도에게는 세계의 다른 지역들에 대한 연구를 통해 인간 경험의 이와 같은 부정적이고 비합리적인 측면들을 인식하도록 노력하는 것이 더욱 필요하다고 할 수 있다.

역사적 동기를 평가하는 데 있어 가장 어려운 문제는 아마도 그 결과를 평가하는 일일 것이다. 어떤 한 개인이 어떤 하나의 이유를 위해서 무엇을 하려고 노력한다는 사실이 그가 자신이 바라는 결과를 성취하리라는 보장은 되지 않는다. 정치적 지도자는 자신의 결정이나 행동을 여러 가지 요인, 제도적 세력, 그리고 주어진 상황에서 이미 존재하는 대중의 여론에 부가해 놓을 뿐이다. 그는 자신의 동기를 실현하는 데 도움이 될 결정을 내릴 만큼 상황을 충분히 이해하고 있다고 스스로 생각할 것이다. 그러나 그의 노력은 역효과를 가져올 수도 있다. 네빌 체임벌린(Neville Chamberlain)[48]이 1938년 히틀러에게 유화정책을 취했을 때 그의 동기는 평화를 바라는 데 있었음이 거의 확실하다. 그러나 그의 나약하고 우유부단한 결정은 결국 영국을 전쟁으로 몰아넣는

48) 1869~1940. 영국의 정치가이자 외교관. 1937년 총리가 되어 이듬해 체코슬로바키아 영토를 독일에 할양하는 뮌헨조약을 체결함으로써 히틀러의 요구를 받아들였다. 뮌헨조약은 총 한 번 쏘지 않고 히틀러가 유럽 정복에 나선 첫 번째 발판이 되었다. 1939년 제2차 세계대전이 일어나자 외교 책임을 지고 이듬해 총리직에서 물러났다.

결과를 가져왔을 뿐이다.

역사의 흐름은 너무나 복잡하고 예측할 수 없는 것이기에 동기와 결과 사이에 직접적인 관계를 가정하는 것은 항상 위험스럽다. 결과로부터 되돌아보는 때에도 역사를 만든 사람들이 자신들이 이루어 놓았던 일을 처음부터 의도했다고 가정하는 것도 이와 마찬가지로 불확실하다. 미국 이주자들과 개척자들이 미국을 건설하는 데 분명히 기여했을 것이다. 그러나 이들이 당시에 자신들의 개인적 구원이나 번영이 아닌 미래의 국가 건설을 위해 투쟁하고 있다고 생각했다고는 말할 수 없다. 역사적 과정의 결과는 개인들의 의식적인 동기와 행동들이 작은 역할밖에 하지 못하는 여러 가지 요인과 상황의 거대한 상호작용의 산물이다.

역사적
요인들을
분석하는 관점

역사에서의 동기를 이야기하는 과정에서 우리는 역사적 경험의 여러 가지 측면과 일치하는 용어들을 사용해 왔다. 이러한 상호 일치는 자연스러운 현상이다. 그것은 우리가 사람들이 행동하는 여러 가지 방식과 이들의 관심영역, 즉 정치, 경제, 사회, 이데올로기 또는 종교적 신념의 영역들을 분석하고 있기 때문이다.

역사적 경험의 이러한 측면들은 자연히 상호관련을 맺고 있다. 정부의 결정은 경제에 영향을 미칠 수 있고, 경제적 변화는 정부의 위기를 조정할 수 있다. 지적인 발전—예를 들면 과학분야에서의—은 경제와 사회생활에 혁명적 변화를 가져올 수 있다. 역사적 인과법칙들(laws of historical causation)은 대체적으로 역사의 이러한 여러 측면이 상호 작용하고 상호 영향을 미치는 방식에 대한 이론들이다.

가장 단순한 역사적 법칙은 단일요인 설명법(one-factor explanation)이다. 단일요인 설명법이란 역사의 한 측면이 결정적인 역할을 하며, 이 한 측면이 다른 모든 측면에서 이루어지는 중요한 모든 일을 결정한다고 보는 이론이다. 마르크스는 그의 이론을 '생산양식(mode of production)', 다시 말해 경제적 여건이 지배적인 영향을 미친다는 데 토대를 두었다. 마르크스의 관점에서는 경제가 사회의 계급조직을 결정했다. 그리고 특정한 지배계급이 정부의 성격을 결정했고, 사회의 나머지 계급에게 그 자체의 신념, 종교 또는 철학체계를 주입했다.

그러나 이와 달리 다른 요인들의 우위성(혹은 수위성이라고도 함, primacy)에 대한 주장 또한 이와 똑같은 설득력을 지닐 수 있다. 헤겔은 관념의 영역이 결정적인 역할을 하고, 지도적인 '세계정신(world spirit)'이 민족의 흥망을 결정한다고 믿었다. (마르크스는 헤겔에게서 '변증법적' 접근법 내지 발전론적 접근법을 빌려왔으나 강조점을 관념적인 영역에서 물질적인 영역으로 전환시켰다. 마르크스는 헤겔이 "머리로 서 있는 것을" 발견하고 "그를 다시 거꾸로 돌이켜 바로 세웠다"고 주장했다.)

위대한 지도자들이 역사의 결정적인 형성자라고 하는 믿음은, 결정적인 변화는 정치 또는 통치를 통해 이루어진다고 가정하는 정치적 역사이론(political theory of history)이다. 18세기의 철학자 대부분은 어떤 형태로든 정치를 강조하는 방향으로 기울어 위대한 정신을 가진 지도자나 헌법 또는 법이 결정적인 영향을 미친다고 보았다.

몽테스키외[49]는 여기에서 한 걸음 더 나아가 지리적 결정론

(geographical determinism)이란 흥미로운 이론을 내놓았다. 그는 통치의 성공 여부는 일국의 규모와 기후에 맞는 통치형태를 선택하는 데 달려 있다고 주장했다.

단일요인 접근법이 지닌 문제점은 그것이 진리의 일면밖에 갖고 있지 못하다는 데 있다. 따라서 단일요인 접근법은 그 어느 것도 그 자체로 절대적으로 옳은 것일 수 없다. 역사에서는 서로 다른 여러 요인이 상호 작용과 끊임없이 영향을 주고받으면서 그것을 훨씬 더 복잡하고 예측할 수 없는 것으로 만들어 간다.

이와 같은 상호 작용의 지속성을 인정하더라도 특정한 상황에서 어느 한 요인이 보다 크게 기여한 것을 찾으려고 할 수는 있다. 어떤 하나의 새로운 변화는 그 결과가 다른 많은 요인과의 상호 작용을 통해 성장하기 이전에 어디서 시작되었는가?

가령 원자폭탄을 예로 들어 보자. 원자폭탄의 연구는 경제적 자원이나 정부의 결정이 없었다면 진척될 수 없었을 것이다. 그러나 핵물리학 분야에서의 과학적 발견들은 선도적이고 독자적으로 이

49) 1689~1755. 계몽사상가를 대표하는 인물 중 한 사람. 그의 대작 《법의 정신》(1748)은 10여 년에 걸쳐 쓰였다. 그는 영국의 사상가 로크의 영향을 받았으며, 사법·입법·행정의 3권분립 이론으로 왕정복고와 미국의 독립 등에 영향을 주었다. 그는 지리적 유물론을 주장하여, 일국 국민의 도덕적 특징, 법의 성격, 정부의 형태 등은 기후·토지·영토의 넓이 등에 의해 규정된다고 했다.

루어졌으며, 이런 발견들이 없었더라면 핵무기가 미친 거대한 정치적, 군사적 결과는 결코 일어날 수 없었을 것이다. 이 사례에서 우리는 과학이 무서운 역사적 변화를 선도한 원인적 요인이었다고 말할 수밖에 없게 된다.

중요성의 비중을 할당하는 또 하나의 방법은 어떤 요인이 상호 작용이 진행되는 과정에서 보다 많은 비중을 차지하고, 궁극적으로 보다 많은 영향을 미치는지를 묻는 방법이다. 정부는 규제 조처나 조세정책을 통해 경제에 영향을 미칠 수 있다. 그러나 궁극적으로는 경제의 발전과 국민의 경제적 이해관계가 정부정책에 보다 많은 영향을 미친다고 할 수 있다. 역사의 한 측면에서의 새로운 변화가 다른 측면들의 발전을 가져오는 데 궁극적으로 보다 큰 영향력을 갖게 되기 때문에 상호 작용 관계는 이렇듯 불균형을 이룰 수가 있다.

마지막으로 시대와 장소에 따라 여러 가지 요인이 우선적인 영향을 미칠 수 있다. 종교적 열의와 종교분쟁이 종교개혁의 시기에는 결정적인 역할을 했으나 그 이후에는 대체로 종속적인 역할밖에 하지 못했다. 경제적 이해관계와 경제적 변화가 서구와 북미의 근대사에는 결정적인 역할을 했으나 러시아에서는 그만한 역할을 하지 못했다. 중세 이후의 러시아 역사는 국가가 지배적인 영향을 미치는 특징을 보였다. 러시아에서는 정치적 사건들과 정부의 결정이 주로 생활의 다른 여러 측면의 발전을 좌우했다(그리고 흔히 발전을 저지시키기도 했다). 마르크스주의 철학이 경제의 역할을 강조하고 있음에도 불구하고 오늘날의 러시아에서 이 점은 변함이 없다. 철학은 러시아에서 주도적인 요인이 되지 못하고 정치적 상부구조에서 진행하는 정책들을 정당화시켜 주는 수단의 구실밖에 하지 못한다.

미래의 예측인가,
미래의 형성인가?

　　현재가 과거의 사회세력들, 개인의 결정들, 우연한 사건들의 산물인 것과 마찬가지로 미래는 현재에 작용하는 복잡한 요인들의 산물이다. 이러한 과정이 이루어진 방식을 이해하는 방법을 배운 역사학도들은 이것을 미래를 예측하는 데에도 적용하고 싶은 유혹에 빠질 것이다.

　　역사가의 입장에서는 미래 사건의 예측은 수정점(水晶點, crystal gazing)과 같은 것이 아니다. 미래 사건의 예측은 어떤 것이 현재와 같이 지속될 것으로 보이고, 현재의 상황에서 어떤 발전이 이루어질 것으로 보이는지를 예견하고 미래의 문제들과 기회들을 예상하는 진지한 노력이 수반되어야 한다. 실제로 사람들은 자신이 의식하든 그렇지 않든 간에 언제나 이와 같은 일을 하고 있다. 이들은 사건의 결과를 보다 나은 방향으로 변화시킬 것으로 생각되는 또는 최소한 어떤 불행한 일이 생길 기회를 줄여줄 것으로 생각되는 행동을 계획하려고 노력한다.

　　계획과 예견은 경험으로 배운 것에 의존한다. 정치가들의 경우에는 역사의 교훈을 활용하고, 이런 교훈들이 가르쳐 주는 것과 가르쳐 주지 않는 것에 대해 신경을 쓰는 것을 의미한다. 새로운 상황과 과거의 상황 간의 병행점에 신뢰를 두는 것은 역사란 근본적으로 정태적인 것이라고 가정하기 때문이다. 현실의 세계는 변화하고 있기 때문에 분명히 유사성을 지니고 있는 상황도 판이한 대응방법이 요구되기도 한다. 일례로, 1930년대 미국은 유럽 전쟁에 휘말리는 것을 피하기 위한 중립법안(neutrality acts)[50]을 통과시킴으로써 제1차 세계대전의 교훈을 활용하려고 했다. 나치의 도전이라는 새로운 상황 아래서 그 결과는 미국이 제2차 세계대전을 예방하는 데 실패하고 세계에 치명적인 손실을 입히면서 이 전쟁을 연장시킨 것으로 나타났다. 그래서 이렇게 말하는 사람도 있었다. "역사가 가르쳐 주는 유일한 교훈은 역사는 결코 아무런 교훈도 가르쳐 주지 않는다는 것이다."

경륜이니 역사의 교훈이니 하는 말을 사용할 때 우리는 과거와 현재에 관한 지식을 기반으로 하여 미래에 대해 현명한 결정을 내리려는 노력을 떠올리게 된다. 이것은 현재의 결정이 과거에 의해 남겨진 세력들과 함께 미래를 결정하는 데 영향을 미칠 수 있다는 것을 뜻한다. 미래는 사람들이 결정하는 것, 사람들이 시도하는 것,

50) 미국이 국제정세의 악화에 대처해 중립을 유지하려는 목적으로 1935, 1936, 1937, 1939년에 미국의 연방의회가 제정한 법률.

이들이 우연하게도 성취하게 되는 것이나 성취하지 못하게 되는 것에 따라 좌우된다. 이것이 미래에 대한 어떤 예측에도 현실적인 한계를 가져온다. 미래는 어느 정도 불확정적일 수밖에 없다. 미래는 결정되어 있지 않기 때문이다.

미래를 결정하는 것은 여러 가지 요인—우리가 측정하고 평가하려고 할 수 있는 과거와 현재의 역사적 세력과 상황들 및 아직도 이루어지지 않은 인간의 제반 결정과 대응방법들—의 복합적인 작용이다. 따라서 미래는 한편으로는 알 수 있고 또 한편으로는 알 수 없다. 그 비례에 관해서는 역사가들 사이에 의견이 서로 다를 것이다. 국민 대중의 관심과 반응을 포함해 경제적이고 사회적인 요인들을 강조하는 역사가들은 미래는 주로 과거에서 진행되어 온 역사적 경향의 현재의 운동량에 의해 어느 정도 미리 결정된다고 느낄 것이다. 지도자들의 역할, 정치적 상부구조, 또는 지적인 혁신의 역할을 강조하는 역사가들은 미래는 그것이 예견할 수 없는 개인의 행동과 정신력(inspiration)의 지배를 받기 때문에 훨씬 더 예측하기 어려운 것이라고 할 것이다.

어쨌든 미래의 형태가 적어도 부분적으로나마 인간의 행동과 의도의 지배를 받는 것이라 가정하면 문제는 우리가 예측하는 것이 아니고 바라는 것이다. 현재 진행되고 있는 역사 발전의 힘을 전제로 해 우리는 미래의 실제적인 과정을 가장 유리한 방향으로 이끄는 결정을 내릴 수 있으며, 또 그 결정을 권장할 수 있는가? 이 질문은 역사학이 미래를 다룰 때의 정책, 즉 한 사회가 달성하려고 하는 목적의 선택과 추구의 과학(science of policy)이 된다는 것을 의미한다.

한 명의 지도자가 이런 선택을 할 수 있고 그것을 실현할 수 있는 위치를 차지하면 우리는 그가 '역사를 만들' 능력을 지녔다고 말할 수 있다. 그의 역할과 성공 여부는 물론 여러 가지 조건들에 의해 영향을 받고 제약을 받을 것이다. 과거에서 연유하는 모든 정치적이고 사회적인 상황이 그의 선택의 길을 제한한다. 그는 사회의 반응을 조정하고 사건들의 흐름의 방향을 바꾸기 위해서는 어떤 조직화된 힘의 수단—대개의 경우 정부—을 가져야만 한다. 그의 힘은 자신의 말로 법을 삼는 전제적인 성격을 띨 수도 있고, 유권자들의 승인을 받아야 하는 민주적 성격을 띨 수도 있고, 자신의 수중에 어떠한 현실적 권력도 가지지 못하는 종교지도자나 문학지도자와 같은 경우처럼 순수한 정신적인 성격을 띨 수도 있다.

가장 위대한 정치지도자들은 정신적 권위와 정치적 권위를 결합한다. 히틀러와 처칠이 그 전형적인 본보기라 할 수 있다. 히틀러는 정신적–전제적 지도자의 본보기고, 처칠은 정신적–민주적 지도자의 본보기다. 아무튼 역사를 만드는 지도력은 지도하고 결정하기를 원하는 인물을 산출하는 특정한 기회들과 이 인물의 의지를 사회 전체를 위한 역사적 변화로 옮겨 줄 수 있는 기구에 의존한다.

그러나 지도자의 이와 같은 역할은 한편으로 정책이 의도한 결과를 낳지 못할 수도 있는 가능성이 높은 이유로 여전히 제약을 받는다. 의도, 정책결정, 지도자의 행동, 사회적 반응과 역사적 결과 사이에는 큰 오차가 존재하기도 한다. 히틀러는 '천년 왕국(Thousand-Year Reich)'[51]을 약속했으나 그의 계산 착오로 인해 히틀러 정권은 12년 3개월밖에 유지되지 못했다. 어떤 지도자나 정부가 취하는 행동이라도 그것은 역사적인 여러 요인의 만화경에 부가되는 또 하나의 요인에 불과하며, 아무리 훌륭한 식견과 선견지명을 가진 지도자라 할지라도 자신이 세운 계획들이 바라는 대로 성과를 거두리라고 확신할 수 없다.

마르크스의 동지였던 프리드리히 엥겔스[52]는 다음과 같이 말했다. "혁명을 이루어 놓았다고 자랑했던 사람들은 언

51) 그리스도가 재림하여 1000년간 다스린다고 믿었던 왕국을 말한다. 천년왕국설을 신봉하는 사람은 자신이 지상을 다스리게 될 성인에 속한다고 믿는다. 이때에는 왜곡되고 잘못된 것들이 바로잡아지고, 질병과 죽음이 사라지며, 정의와 평화가 지배하는 유토피아가 실현된다고 주장한다.

52) 1820~1895. 독일의 경제학자, 철학자, 사회주의자. 마르크스와 공동 집필한 《독일 이데올로기》에서 유물사관을 제시하여 마르크스주의의 철학적 기초를 확립했다. 마르크스의 이론적 · 실천적 활동을 경제적으로 지원했으며 마르크스주의 보급에 노력했다. 마르크스 사후 《자본론》 제2~3권의 간행에 몰두하면서, 마르크스 사망 후의 유럽 국가들의 노동운동을 지도하는 중심인물로 활동했다.

제나 그다음 날에 가서는 자신들이 하고 있는 일을 전혀 예상치 못했으며, 이루어 놓은 혁명은 자신이 이루려고 했던 혁명과는 전혀 다르다는 사실을 깨닫게 되었다."

가장 정교한 정치적 강령들—특히 공산주의의 혁명적 이데올로기—도 그 본래의 목적에 비추어 치명적인 실수를 범했다. 그것은 이들 지도자들은 자신들이 행동하고 있는 상황과 자신들의 행동이 미칠 결과를 충분히 알지 못했기 때문이다. 가장 훌륭한 지도자란 예측할 수 없는 것과 아이러니한 것에 대한 훌륭한 역사적 감각을 지닌 인물이다. 이런 인물은 성공하지 못할지도 모른다는 것을 예상하면서 가능한 최선을 다하여 열린 마음을 견지해 성공을 거두고 있지 못한 정책들을 고집스레 고수함으로써 계획한 목적이 차질을 빚는 일이 없도록 한다.

결론: 역사와 가치관

    이 작은 책에서 나는 역사 연구가 전공 연구과목으로서든 다른 교양과목 분야의 보충과목으로서든 교양 있는 인격의 형성에 어떻게 기여할 수 있는지를 보여 주려고 애썼다. 역사는 정신능력을 훈련시키고 인간이 행하고 생각하고 또는 발견했던 가장 위대한 일들을 인식할 수 있도록 이끄는 교양교육의 필수적인 한 부분이다. 우리는 역사를 통해 폭넓은 경험, 즉 시대와 장소를 달리해 이루어진 다양한 생활의 모습을 인식할 수 있게 된다. 역사는 현재를 움직이는 세력들을 이해하는 과정을 제공해 주며, 미래의 행동에 대해 현명한 결정을 내릴 수 있는 필요한 기반을 제공해 준다. 역사는 삶을 살 만한 가치가 있게 하고 인간을 인간답게 만들어 주는 가치와 행동 그리고 자극의 주요한 원천이다.

역사의 가장 위대한 효용성은 인간에게 비단 역사의 주제에 대해서만이 아니라 거의 다른 모든 주제나 인간적 관심에 속하는 활동에 대해 사고하는 방법을 효과적으로 훈련시켜 준다는 데 있다. 이것은 의심할 나위가 없는 사실이다. 이제 이 책의 각 장에서 설명해 온 역사를 통해 이루어지는 사고의 과정들을 요약해 보겠다.

제1장은 역사 연구와 함께하는 몇 가지 일반적인 정신적 자세들을 개괄했다. 여기에는 변화와 과정에 대한 의식, 객관성과

호기심의 정신, 가치들의 상대성에 대한 인식, 성숙한 시민의 관점이 포함돼 있다.

제2장에서는 역사학의 제분야가 인간의 모든 경험을 분류하는 개념이 연대별, 지리별, 문제별로 설명되어 있다. 이와 같은 구조를 이해하게 되면 어떠한 복합한 주제도 자유자재로 그리고 명확하고 조직적으로 고찰할 수 있게 된다.

제3장은 다른 학문들과의 관련 속에서 역사학의 본질을 평가했다. 사회과학의 하나로서의 역사학은 다른 과학이 미칠 수 없는 인간사(human affairs)에 내재하는 가치들과 변화들을 고려하고자 하며, 반면 인문학의 성격을 띤 역사학은 문명의 창의적 업적이 성취된 사실적 환경을 설명하려 한다. 더불어 역사학은 다른 사회과학 분야와 인문학 분야에서 이루어진 모든 분리된 활동들을 포괄하기 때문에 인간사에 대한 가장 포괄적인 접근을 보여준다.

제4장은 보다 실용적인 방향으로 전환하여 학생들이 역사적 지식과 이해를 실제로 습득하는 일을 지도하려 했다. 여기에서 세부사항, 일반화, 관계들을 이해하기 위한 지식을 얻는 다른 어떤 작업에도 적용할 수 있는 접근법을 설명하려고 애썼다.

다음 두 장들은 실제적인 방향으로 나아가 역사작업에서 가장 필요하고 가치 있는 분야인 역사서술과 조사연구의 문제를 다루었다. 이러한 기술들은 역사학이 이런 기술들에 대한 능력을 요구하고 또 이런 기술들을 훈련하는 경험으로 다른 어떤 학문에도 뒤지는 것은 아니지만, 그렇다고 해서 역사학에만 국한되는 것은 물론 아니다. 역사서술은 사고의 논리를 가르쳐 준다. 조사연구와 서술은 인간이 자신의 세계를 인식하고 평가하며 이런 지식과 가치들을 동료들에게 전달하는 법을 훈련시켜 준다.

이와 같은 모든 분석을 토대로 하여 제7장은 독자를 역사의 해석—사건들의 과정을 어떻게, 왜 일어나는지—문제로 안내한다. 이 문제는 특히 복잡하다. 그것은 이 문제가 확실성과 함께 가능성과 개연성을 인식할 것을 요구하고, 인간사에 영향을 미치는 모든 인간적 요인과 인간 외적 요인에 관한 감각과 그것의 비중에 대한 감각을 요구하기 때문이다. 그래서 역사적 원인들과 동기들을 해석하고 평가하는 작업은 역사적 접근법이 지니는 가치들을 배양하려는 학생들에게 핵심적인 경험이 된다.

역사에 대한 기록은 사건들의 연대기를 훨씬 넘어선다. 역사는 사람들이 행했던 것을 기록할 뿐만 아니라 나아가 사람들이 행하려고 했던 것, 사람들로 하여금 보다 나은 어떤 것을 추구하도록 해 준 동기들과 목적들까지도 기록한다. 역사는 인간적 가치들과 열망들, 노력과 경험과 희망들의 축적, 점차적으로 인간성을 개화해 온 업적들의 저장소다. 우리는 우리의 진화하는 인간성을, 그 속에 있는 가장 나쁜 점과 가장 좋은 점을 인식하기 위해서 역사를 배우지 않으면 안 된다.

역사 연구에서는 주제가 요구하는 초연성과 과거의 격정과 투쟁들에 대한 애증 사이에 불가피한 긴장이 존재한다. 예를 들면 고전적 저서인 《이탈리아의 르네상스 문명(The Civilization of the Renaissance in Italy)》에서 야코프 부르크하르트(Jacob Burckhardt)가 너무나 활기찬 '르네상스 인간(Renaissance man)'[52]을 생생하게 환기시켜 주고 있는 것을 보면서 누가 흥분과 자극을 받지 않을 수 있겠는가? 또 로마의 노예제나 17세기의 '마녀 처형(witchcraft executions)'[53]의 이야기를 읽고 분노로 치를 떨지 않을 사람이 있겠는가?

한 집단으로서의 역사가들은 자신들의 비판적 훈련이 자신들이 개인적으로 신봉할 만한 가치가 있다고 판단하는 가치들과 대의들(causes)에 관련을 가질 수 있는 능력을 파괴하도록 방치하지는 않았다.

그러나 역사가 가르쳐 주는 중요한 하나의 단서가 있다. 그것은 과거나 현재의 어떤 특정한 가치들을 너무 단순하게 신봉하는 행위에 대한 경고다. 역사적 접근법은 우리에게 인간적 가치들은 단일한 하나의 기준에 입각해 있지 않으며, 시대와 장소에 따라 본질적으로 다양하다는 점을 인식할 것을 요구한다. 역사는 가치들에 대하여 상대적으로 의식하는 법을 발전하게 한다. 선과 악, 진보와 퇴보는 시대와 장소의 여건과 관련지어 판단되어야 한다는 의식을 심어 준다. 중세의 농노제(serfdom)[54]는 전적으로 나쁜 것이었을까? 중세의 농노제는 로마의 노예제보다는 나은 것이었으며, 군사적 방어와 문화적 부흥을 위한 경제적 기반을 제공해 주었다. 공산주의는 전적으로 나쁜 것이었을까? 또 공산주의는 어떤 경우에도 민주적인 성격을 지닐 가능성이 없는 국가들에서 근대적 경제로 발전하는 한 방법으로 판단되어야 하는가?

순수한 가치들이(pure values) 그대로 현실에 나타나는 경우는 매우 드물며, 대개는 여러 가지 농도의 회색빛으로 섞여 나타난다는 사실을 입증하기 위해서 이보다 훨씬 더 많은 질문이 제기될 수 있다.

대부분의 역사적 상황은 이상과 행동, 이론과 실제 사이의 불일치로 인해 복잡해진다. 역사적 현실주의는 우리로 하여금 행해야 한다고 생각하거나 말하는 그대로 항상 행하는 것은 아니라는 것과

52) 르네상스 시기의 천재를 가리키는 말. 레오나르도 다빈치처럼 모든 분야에 대해서 정통한 천재를 말한다. 유럽인들이 추구하는 이상적인 인간상이기도 하다.

53) 17세기 말 마녀사냥의 중심지였던 북프랑스 지방에서는 300여 명이 기소되어 절반 정도가 처형되었다. 마녀사냥은 17세기에 유럽을 휩쓸다 18세기에 사라졌다. 이는 기독교와 기득권층의 권력을 유지하기 위한 하나의 수단이었다.

54) 농민이 지주인 영주에게 부역과 공납을 제공하고 영주는 보호를 제공했던 중세의 사회 제도. 농노는 노예와는 달리 일정한 권리를 누렸지만 장원을 떠날 수 없었다. 14~15세기에 농노제는 몰락했다. 그러나 오스트리아 제국은 1781년에 이르러 농노들이 해방되었고, 프랑스에서는 1789년 프랑스 혁명 때 농노제가 근절되었다. 러시아는 1861년에서야 차르의 명령으로 농노들이 자유의 몸이 되었다.

사람들이 자신의 가치를 추구한다고 해서 항상 그것을 이루게 되는 것은 아니라는 사실을 인식하도록 요구한다. 역사는 표리부동과 실수의 기록이면서 동시에 용기와 진보의 기록이기도 하다.

인간의 진보에 대한 이야기는 인간의 진보가 불가피했거나 미리 예정된 것은 아니었다는 점을 되새기게 되는 때 거의 믿을 수 없는 것이 된다. 인간이 생물적 존재로 탄생한 100만 년의 시간 속에서 어느 특정 시점에 갑자기 문명이 탄생한 이유는 무엇인가? 이중 어느 문제에 대해서도 우주적인 이유는 존재하지 않았다. 문명 탄생은 바로 인간의 노력의 결과였다. 때로는 근시안적이고, 때로는 좌절로 인한 것이었다. 분명한 사실은 우리의 미래는 말할 것도 없고 우리의 구체적인 현재를 염두에 두지 않은 인간의 노력의 결과였다. 그럼에도 불구하고 우리가 알고 있는 한 우주 어느 곳과도 비교할 수 없는 문명과 문화의 기념비들을 창조해 놓았다. 현재가 당면한 분명한 위험들과 현재가 지닌 불완전한 모습으로 인해 결코 그러한 안목을 간과해서는 안 된다.

분명한 사실은 인간의 모험은 환상적인 것이었으며, 우리가 지닌 기술 문명으로 인한 위험성들을 극복해 낸다면 다가오는 시대에 인간의 모험이 이룩할 수 있는 업적에는 한계가 존재하지 않는다는 것이다.

부 록
Supplement

역사학 독서 안내

역사연구와 조사에 관한 안내서들

* Barzun, Jacques, and Henry Graff, The Modern Researcher. New York: Harcourt Brace Jovanovich, Inc., 3rd ed., 1977.

* Bruner, Jerome, The Process of Education. Cambridge. Mass: Harvard University Press, rev. ed., 1966.

* Furay, Conal, and Michael Salevouris, History: A Workbook of Skill Development. New York: New Viewpoints, 1979.

* Gray, Wood, Historian's Handbook: A key to the Writing and Study of History, Boston: Houghton Mifflin Company, 1964.

* Handlin, Oscar, et al., Harvard Guide to American History. Cambridge, Mass: Harvard University Press, 1954.

* Hexter, J. H., The History Primer. New York: Basic Books, Inc., Publisher, 1971.

* Howe, George Frederick, et al., The American Historical Association's Guide to Historical Literature. New York: The Macmillan Company, 1961.

* Iggers, Georg G., and Harold T. Parker, International Handbook of Historical Studies: Contemporary Research and Theory. Westport, Conn: Greenwood Press, 1979.

* Langer, William L., ed., An Encyclopedia of World History. Boston: Houghton Mifflin Company, 5th ed., 1972.

* Whitehead, Alfred North, The Aims of Education. New York: The Free Press, 1967.

역사학의 본질을 다룬 저서들

* Becker, Carl, Everyman His Own Historian. New York: Times Books, 1966.

* Berkhofer, Robert F. Jr., A Behavioral Approach to Historical Analysis. New York: Free Press, 1971.

* Bloch, Marc, The Historian's Craft. New York: Random House, Inc., 1964.

* Butterfield, Herbert, The Whig Interpretation of History. London: G. Bell, 1951; New York: W. W. Norton & Co., Inc., 1965.

* Cahnman, Werner, and Alvin Boskoff, eds., Sociology and History. New York: Free Press, 1964.

* Carlyle, Thomas, On Heroes, Hero-Worship and the Heroic in

History. Lincoln, Neb: University of Nebraska Press, 1966.

* Carr, Edward Hallett, What Is History? New York: Random House, Inc., 1967.

* Cohen, G. A., Karl Marx's Theory of History: A Defense. Princeton, N. J.: Princeton University Press, 1979.

* Collingwood, R. G., The Idea of History. New York: Oxford University Press, 1956.

* Dray, William, The philosophy of History. Englewood Cliffs, N. J.: Prentice-Hall, Inc., 1965.

* Fischer, David H., Historian's Fallacies: Toward a Logic of Historical Thought. New York: Harper & Row, Publishers, Inc., 1970.

* FitzGerald, Frances, America Revised: History Schoolbooks in the Twentieth Century. Boston: Atlantic Monthly Press and Little, Brown, 1979.

* Gustavson, Carl G., A Preface to History. New York: McGraw-Hill Book Company, 1955.

* Handlin, Oscar, Truth in History. Cambridge, Mass: Harvard University Press, 1979.

* Holt, W. S., The Historical Profession in the United States. Washington, Service Center for Teachers of History(American

Historical Assn.), publication no. 52, 1963.

* Homans, George, An introduction to Pareto. New York: Fertig, 1970.

* Hook, Sidney, The Hero in History. Boston: Beacon Press, Inc., 1955.

* Hughes, H. Stuart, Consciousness and Society: The Reorientation of European Social Thought, 1890~1930. New York: Random House, Inc., 1961.

* Koht, Halvdan, Driving Forces in History. New York: Atheneum Publishers, 1968.

* Landes, David S., and Charles Tilly, eds., History as Social Science. Englewood Cliffs, NJ: Prentice-Hall, Inc., 1971.

* McLuhan, Marshall, Understanding Media: The Extensions of Man. New York: McGraw-Hill Book Company, 1964.

* Shils, Edward A., and Henry A Finch, eds., Max Weber on the Methodology of the Social Sciences. New York: The Free Press, 1949.

* Spengler, Oswald, The Decline of the West(2 vols). New York: Alfred A. knopf, Inc., 1945.

* Stern, Fritz, ed., The Varieties of History from Voltaire to the Present. New York: Random House, Inc., 1973.

* Toynbee, Arnold, A Study of History(Abridged ed., 2 vols).
  New York: Dell Publishing Co., Inc., 1965.

유명한 역사적 주제들을 다룬 저서들

* Baldwin, Marshall W., The Medieval Church. Ithaca, N. Y.:
  Cornell University Press, 1953.

* Boak, Arthur E.R., A History of Rome to 565 A.D. New York:
  Macmillan, Inc., rev. ed., 1977.

* Braudel, Fernand, The Mediterranean and the Mediterranean
  World in the Age of Philip Ⅱ. New York: Harper & Row,
  Publishers, Inc., 1972.

* Brinton, Crane, The Anatomy of Revolution. Englewood Cliffs,
  N. J.: Prentice-Hall, Inc., 1952.

* Bullock, Alan, Hitler: A Study in Tyranny. New York: Haper &
  Row, Publishers, Inc., 1952; abridged ed., 1971.

* Burckhardt, Jacob, The Civilization of the Renaissance in Italy.
  New York: Modern Library, 1954.

* Bury, John B., History of Greece to the Death of Alexander.

London: The Macmillan Company, 1951.

* Butterfield, Herbert, The Origins of Modern Science, 1500~1800. New York: The Macmillan Company, 1951, rev. ed., 1965.

* Careless James M. S., Canada: A Story of Challenge. New York: St. Martin's Press, Inc., 1963.

* Catton, Bruce, The Centennial History of the Civil War(3 vols). New York: Doubleday & Co., Inc., 1961~1963.

* Clough, Shephard, Economic History of Europe. Cambridge, Mass: Walker, 1968.

* Craig, Gordon A., Germany, 1866~1945. New York: Oxford University Press, 1978.

* Crankshaw, Edward, The Shadow of the Winter Palace: Russia's Drift to Revolution, 1825~1917. New York: The Viking Press, 1976.

* Curtiss, John S., An Appraisal of the Protocols of Zion. New York: Colombia University Press, 1942.

* Daniels, Robert V., Red October: The Bolshevik Revolution of 1917. New York: Charles Scribner's Sons, 1967.

* Ehrenberg, Victor, From Solon to Socrates: Greek History and Civilization during the Sixth and Fifth Centurier B. C. New

York: Barnes & Noble, 1968.

* Erikson, Erik, Young Man Luther: A Study in Psychoanalysis and History. New York: W. W. Norton & Co., Inc., 1958, 1962.

* Fage, J. D., A History of Africa. New York: Alfred A. Knopf, Inc., 1978.

* Fairbank, John K., The United states and China. Cambridge, Mass: Harvard University Press, 3rd ed., 1972.

* Ferguson, Wallace K., The Renaissance in Historical Thought. Boston: Houghton Mifflin Company, 1948; AMS Press, 1977.

* Fischer, Louis, The Life of Lenin. New York: Harper & Row, Publishers, Inc., 1964.

* Fisher, Herbert A. L., Napoleon. London: Folcroft, 1978.

* Fisher, Sidney N., The Middle East: A History. Ann Arbor: University of Michigan Press, 1959.

* Franklin, John Hope, From Slavery to Freedom: A History of Negro Americans. New York: Alfred A. Knopf, Inc., 4th ed., 1974.

* Gay, Peter, The Enlightenment: An Interpretation(2 vols). New York: Alfred A. Knopf, Inc., 1966~1969.

* Grebler, Leo, Joan W. Moore, and Ralph C. Guzman, The

Mexican-American People. New York: Free Press, 1970.

* Halecki, Oscar, A History of Poland. New York: The David McKay Company, Inc., 1976.

* Hall, Walter, Robert Albion, and Jennie Pope, A History of England and the Empire-Commonwealth. New York: John Wiley & Sons, Inc., 5th ed., 1971.

* Herring, Hubert, A History of Latin America, New York: Alfred A. Knopf, Inc., 3rd ed., 1968.

* Hofstadter, Richard, William Miller, and Daniel Aaron, The Structure of American History. Englewood Cliffs, N. J.: Prentice-Hall, Inc., rev. ed., 1973.

* Hughes, H. Stuart, Contemporary Europe: A History. Englewood Cliffs, N. J.: Prentice-Hall, Inc., 4th ed., 1976.

* Kantor, MacKinlay, If the South Had Won the Civil War. New York: Bantam Books, Inc., 1961.

* Karnow, Stanley, Mao and China-From Revolution to Revolution. New York: The Viking Press, 1972.

* Kissinger, Henry, White House Years. Boston: Little, Bworn & Company, 1979.

* Lefebvre, Georges, The Coming of the French Revolution. New York: Random House, Inc., 1957.

* Lopez, R. S., The Birth of Europe. Philadelphia: J. B. Lippincott Company, 1967.

* Mattingly, Garrett, The Armada. Boston: Houghton Mifflin Company, 1959.

* Mazlish, Bruce, In Search of Nixon: A Psychohistorical Inquiry. New York: Basic Books, Publishers, Inc., 1972.

* Montesqieu, Charles de Secondat, Baron, The Spirit of Laws. Berkeley: University of California Press, 1978.

* Pelling, Henry, Winston Churchill. New York: E. P. Dutton, 1974.

* Randall, John H., Jr., The Making of the Modern Mind. New York: Columbia University Press, 1976.

* Reischauer, Edwin O., The United States and Japan. Cambridge, Mass: Harvard University Press, 3rd ed., 1965.

* Schlesinger, Arthur M., Jr., A Thousand Days. New York: Fawcett, 1977.

* Soboul, Albert, The French Revolution, 1787~1799. New York: Vintage Books, 1975.

* Spear, Thomas G. P., India: A Modern History. Ann Arbor: University of Michigan Press, rev. ed., 1972.

* Stampp, Kenneth, The Peculiar Institution: Slavery in the Antebellum South. New York: Alfred A. Knopf, Inc., 1956.

* Starkey, Marion, The Devil in Massachusetts. Garden City, N. Y.: Doubleday & Co., Inc., 1669.

* Stavianos, Leften S., The Balkans Since 1453. New York: Holt, Rinehart and Winston, 1963.

* Taine, Hippolyte, The French Revolution(3 vols). New York: Holt, 1878~1885(repr. New York, Peter Smith, n. d.).

* Taylor, Alan J. P., The Origins of the Second World War. New York: Fawcett Books, 1978.

* Thomas, Benjamin P., Abraham Lincoln: A Biography. New York: Random House, Inc., 1968.

* Thompson, James M., Robespierre and the French Revolution. New York: The Macmillan Company, 1962.

* Trotsky, Leon, The Russian Revolution, selected and edited by F. W. Dupee. Garden City, N. Y.: Doubleday Anchor Books, 1959.

* Truman, Harry S., Memoirs(2 vols). Garden City, N. Y.: Doubleday & Co., Inc., 1955~1956.

* Ulam, Adam, Salin: The Man and his Era. New York: The Viking Press, 1974.

* Wills, Garry, Inventing America: Jefferson's Declaration of Independence. Garden City, N. Y.: Doubleday & Co., Inc., 1978.

* Wright, Gordon, France in Modern Times. Skokie, Ⅲ: Rand McNally & Company, 2nd ed., 1974.

인문학의 꽃, 역사를 배우다

로버트 V. 다니엘스 지음 / 송용구 옮김

발 행 일 초판 1쇄 2014년 4월 24일
　　　　　초판 3쇄 2014년 9월 12일
발 행 처 평단문화사
발 행 인 최석두

등록번호 제1-765호 / 등록일 1988년 7월 6일
주　　소 서울시 마포구 서교동 480-9 에이스빌딩 3층
전화번호 (02)325-8144(代) FAX (02)325-8143
이 메 일 pyongdan@hanmail.net
I S B N 978-89-7343-393-3 (03900)

ⓒ 평단문화사, 2014

이 도서의 국립중앙도서관 출판시도서목록(CIP)은 서지정보유통지원시스템 홈페이지(http://seoji.nl.go.kr)와
국가자료공동목록시스템(http://www.nl.go.kr/kolisnet)에서 이용하실 수 있습니다.
(CIP제어번호: CIP 2014009738)

저희는 매출액의 2%를 불우이웃돕기에 사용하고 있습니다.